KB032080

마이클 샌델의
<정의론> 바로읽기

마이클 샌델의
<정의론> 바로읽기

신중섭 지음

비봉출판사

시작하는 말

요즘 경제가 어려워지면서 분배에 대한 사람들의 관심이 더없이 높아졌다. '돈과 권력을 가진 사람들만 잘 살고, 나는 못 산다'는 피해의식이 우리 사회 구석구석을 지배하고 있다. '내가 못사는 것'과 '돈과 권력을 가진 사람들이 잘 사는 것' 사이에는 아무런 인과관계가 없다. '내가 못사는 것'은 '부자들' 때문이 아니다. 그럼에도 불구하고 많은 사람들이 그렇게 생각하는 이유는 무엇일까?

이런 사고방식이 우리 사회에만 있는 것은 아니다. 자본주의가 발전하면서 발생한 빈부격차에 대해 마르크스는 아주 간단한 설명을 제시했다. 그는 착취이론을 제시함으로써 '내가 왜 가난한가'를 설명하고, 가난에서 벗어나기 위해 무엇을 해야 할 것인가를 간단명료하게 설명해 주었다. 부자들이 잘 사는 것은 못사는 사람을 착취하기 때문이고, 가난한 사람이 못사는 것은 부자들에게 착취당하기 때문이라는 것이다. 착취를 극복하려면 혁명을 일으켜야 한다. 혁명을 통해 공산주의 사회를 건설하면 모든 사람들이 평등하게 잘 사는 유토피아가 온다고 선전했다. 선전을 실행한 나라들이 공산주의 국가가 되었고, 그리고 공산주의 국가는 망했다.

그럼에도 불구하고 마르크스의 유산은 사라지지 않는다. 빈부의 격차가 존재하는 사회에서 마르크스의 사상은 생명을 유지할 것이다. 마르크스를 지지하지 않는 사람들도 빈부격차를 용인하지 않으려는 믿음이 있다. 이런 믿음이 '정의론(正義論)'의 원천이다. 심지어 어느 정도의 빈부격차는 불가피하다고 믿는 사람들조차 조건을 달면서 빈부의 격차를 인정한다. 현재 존재하는 빈부의 격차는 노력하는 사람은 성공할 수 있어야 한다는 보장 아래에서만 정당화될 수 있다는 것이다.

실제로 노력하는 사람에게 성공의 길이 열려 있는 사회에서는 빈부의 격차에도 불구하고 사회가 안정되고 사람들은 희망을 가지고 열심히 살았다. 어느 사회나 부와 권력이 편중되는 경향이 있지만, 열심히 노력하면 나도 내 상황을 개선할 수 있다는 희망이 있으면 사람들은 '부와 권력'의 정당성을 인정한다. 노력으로 자신의 삶을 개선할 수 있는 가능성을 보장하는 사회에서는 부나 권력의 불평등이 사회의 안정성을 해칠 정도로 문제가 되지는 않는다.

그러나 많은 사람들이 위로 올라갈 수 있는 사다리가 끊어졌다고 믿을 때 사람들은 희망을 잃고 사회는 불안정하게 된다. 최근 우리 사회에 널리 퍼진 '헬조선', '수저 계급론', '이생망'(이번 생은 망했다)도 이런 사회적 배경에서 나왔다. 부와 권력의 편중이 대를 이어 유지되고 그 밖에 있는 사람들이 접근할 수 없게 차단되는 비극적인 현상이 이렇게 표현된 것이다. 우리는 이런 사회를 정의로운 사회라고 할 수 없다.

우리가 살고 있는 대한민국은 어떤 나라인가? 이 나라는 마이클 샌델의 『정의란 무엇인가』란 책이 세계적으로 가장 많이 팔린 나라다. 영어권에서 20만 부 정도 팔린 이 책이 한국에서는 140만 부 이상 팔렸다. 왜 이런 기이한 현상이 벌어진 것일까? 우리 사회에 '정의'가 차고 넘쳐서 그런 것일까 아니면 고갈되어서 그런 것일까?

샌델에 따르면 '정의의 문제'는 '사람들이 소중히 여기는 것'을 분배하는 문제고, '미덕'에 따라 이런 분배가 이루어질 때 정의는 실현된다. 그는 플루트 분배를 예로 든다. "최고의 플루트가 있다면 그것을 누가 가져야 할까?" 그가 제시한 답은 바로 '최고의 플루트 연주자'가 가져야 한다는 것이다. 이 대답은 아리스토텔레스의 정의론에 따른 것이다.

아리스토텔레스는 최상의 플루트는 부자나 잘생긴 사람 또는 재능이 뛰어난 사람이 아니라 플루트를 가장 잘 연주하는 사람에게 주어져야 한다고 말한다. 왜 그럴까? 아리스토텔레스의 설명에 따르면 플루트의 목적은 뛰어난 음악을 만드는 것이고, 이 목적은 가장 좋은 플루트를 그것을 가장 잘 연주하는 사람에게 줄 때 이루어진다. 핵심은 플루트의 목적이 무엇인가이다. 샌델은 재화의 목적에서 그 재화의 적절한 분배를 결정해야 한다는 아리스토텔레스의 목적론을 받아들여 자신의 정의론을 구성하였다. 샌델은 정의를 '미덕'과 '좋은 삶'과 결합하여 설명하였다. 과연 그럴까?

최고의 플루트는 그것을 가장 잘 연주하는 사람에게 주는 것이 정의일까? 그것을 경매에 붙여 가장 높은 가격을 주겠다는 사람에게 팔아서 가난한 사람들을 돕는 것은 더 정의롭지 않을까? 그런데 왜 최고 플루트의 현재 주인이 누구인가는 묻지 않는가? 세상에 주인 없는 물건이 없는데, 플루트의 현재 주인은 누구인가? 주인이 있다면 누구에게 줄 것인가는 주인이 결정해야 하는 것이 아닐까? 왜 사람들은 무엇을 나누어 줄 때 그것이 하늘에서 떨어진 것처럼 생각하는 것일까? 파이를 나눌 때 어떻게 나누는 것이 정의로운가라는 질문을 제기하면서, 그 파이가 누구의 파이인가는 왜 묻지 않는가?

왜 샌델의 『정의란 무엇인가』란 책이 한국에서 가장 많이 팔렸고, 한국인들은 '샌델의 정의론'에 열광하는가? 그의 정의론의 정확한 내용은 무엇인가? 그의 이론의 장점은 무엇이고 문제점은 무엇인가? 그의 정의론에 따라 우리 사회를 바꾸는 것이 바람직한가? 이러한 물음이 필자가 샌델의 정의론에 관심을 갖고 이 책을 쓰게 된 동기이다.

샌델은 많은 강단철학자들과 달리 구체적인 현실문제에 관심을 갖고 그 문제에 대한 해결책을 찾기 위해 자신의 정의론을 구성하려고 했다. 그는 미국 사회의 사회적 쟁점들을 정의론의 관점에서 분석하고 조망하면서, 정의론에 따라 문제에 대한 해결이 어떻게 달라지는가를 선명하게 보여주었다. 이론이 다르면, 현실에 대한 이해도 다르고 해결책도 다르게 제시된다는 것을 아주 쉬운 말로 설명하였다.

샌델은 여러 차례 우리나라를 방문하면서 우리가 당면한 문제나 우리 사회의 당면 과제에 대해 자신의 입장을 스스럼없이 밝혔다. 사람들은 실타래처럼 얽힌 문제에 대한 그의 명쾌한 설명에 매혹되었다. 특히 우리는 '공공선'을 추구해야 하며, '돈으로 사고팔아서는 안 되는 것'이 존재한다는 그의 주장에 많은 사람들이 수긍하였다. 특히 물질적 가치보다 정신적 가치를 존중해야 한다는 사회적 통념에 젖어 있는 사람들은 '시장의 한계'를 지적하는 그의 주장에 동조하였다.

이런 현상을 어떻게 보아야 할까? 실제로는 공공선보다는 개인의 이익을 추구하고, 돈이면 무엇이든 해결할 수 있다고 믿는 사람들이 많은 것처럼 보이는 우리 사회에서 왜 이런 현상이 일어나는 것일까? 사람들은 자신이 '바람직하다고 생각하는 것', '원하는 것', '실제로 추구하는 것'이 서로 다른 것일까?

이 책의 목적은 우리 사회에서 일어난 샌델 열풍이라는 거울을 통해 우리의 모습을 조망하면서 그 모습을 비판적인 눈으로 검토하는 것이다. 우리는 이런 과정을 통해 자연스럽게 우리 사회의 문제점과 그에 대한 해결책을 모색할 수 있을 것이다.

필자는 『정의(정의란 무엇인가)』, 『공공철학(정치와 도덕을 말하다)』, 『돈으로 살 수 없는 것들』 등 샌델의 주요 저서의 내용을 요약 정리하면서, 그의 철학을 비판적으로 분석하고, 우리 사회가 당면한 문제와 관련지어 볼 생각이다. 이 책은 샌델의 주장을 제3자적 관점과 자유주의자의 관점에서 바라보고 그의 주장이 안고 있는 문제점을 지적하려고 한다. 이렇게 함으로써 공동체주의로부터 자유주의의 원리를 옹호하고, 자유주의에 기초한 사회 만들기에 기여하려고 한다. 이 책은 샌델에 대한 전문 연구서가 아니라 교양서로 쓴 것이다. 가독성(可讀性)을 생각하여 자세한 인용처를 밝히지도 않았고 각주를 달지도 않았다.

이 책이 사람들에게 샌델의 저서들을 비판적으로 읽을 수 있는 계기를 마련해 주기를 기대한다.

이 책은 자유경제원 현진권 원장의 권유와 지원으로 출판하게 되었다. 자유경제원의 현진권 원장, 곽은경 실장, 장현정 연구원께 감사

드린다. 이 책의 원고를 읽고 수정하고 출판해 준 비봉출판사의 박기봉 대표와 편집자에게도 깊이 감사드린다.

끝으로, 지금까지 내가 쓴 모든 글을 읽고 유익한 비평과 함께 수정의 노고를 아끼지 않은 아내와 출간의 기쁨을 나누고 싶다.

2016년 11월

신중섭

차례

제1부
샌델의 정의론 돌아보기

샌델은 왜 『정의란 무엇인가』를 세상에 내놓았는가

샌델은 『정의란 무엇인가』란 책을 학자들뿐만 아니라 일반 시민을 위해 썼다고 말한다. 그는 이 책을 읽는 독자들은 정의, 공공선, 시민의 의미 등 커다란 철학적 물음에 대해 생각하는 즐거움을 누릴 수 있을 것이라고 믿는다. 그는 이 책을 통해 우리가 살고 있는 세상·공적 삶·일상에서 마주치는 도덕적 딜레마와 철학을 연결하고 있다. 이미 철학을 공부한 사람이나 그렇지 않은 사람 모두에게 철학을 소개하고 그들이 철학적으로 사고하는 삶으로 인도하고 싶었기 때문이다.

민주사회에서 사람들은 옳고 그름, 정의와 부정의에 대해 서로 다른 입장을 가지고 있다. 낙태를 옹호하는 사람도 있고 반대하는 사람도 있다. 부자에게 세금을 거두어 가난한 사람을 도와줘야 한다고 주장하는 사람도 있고 세금 거두는 것에 강하게 반대하는 사람도 있다.

대학 입시에서 지역 균형 선발에 찬성하는 사람도 있고 반대하는 사람도 있다. 교육부의 3불(三不) 정책에 찬성하는 사람도 있고 반대하는 사람도 있다.

공적인 문제에 대한 찬성과 반대는 우리 사회에서 흔히 볼 수 있는 현상이다. 선거철이 되면 사람들은 각 당이 제시하는 여러 정책을 놓고 서로 찬반 논쟁을 벌인다. 공적 영역에서 도덕적이거나 정치적인 신념의 차이로 격렬하게 논쟁하는 장면을 보면 왜 사람들은 서로 다른 도덕적 신념이나 정치적 신념을 갖게 되었을까 하는 의문이 든다.

샌델은 때때로 도덕적 신념이나 정치적 신념은 합리적 토론의 대상이 아니라 가정교육이나 신앙에 의해 이미 결정되었다는 생각이 들기도 한다는 말을 한다. 그러나 샌델은 이런 자신의 생각은 옳은 생각이 아니라고 말한다. 그렇게 되면 도덕에 호소해서 상대방을 설득할 수도 없으며, 정의와 권리에 대한 공적인 토론은 독단적인 주장의 공세나, 마구잡이 싸움으로 변질되기 때문이다. 샌델은 합리적 토론을 통해 어느 한 쪽의 주장에 마음이 기울기도 한다는 사실을 받아들이면서 정의와 부정의, 평등과 불평등, 개인의 권리와 공공선에 대하여 경쟁적인 주장을 하는 사람들이 이성적으로 토론함으로써 문제해결의 실마리를 찾을 수 있다고 믿는다.

어려운 도덕적 문제에 부딪쳐 사람들은 고민하면서 혼란에 빠지기도 하지만, 이러한 혼란에서 벗어나기 위해 철학적 사유를 시작하면 처음 생각했던 자신의 판단을 재검토하거나 자신이 가졌던 원칙에 대해서도 비판적 태도를 견지할 수 있게 된다. 그리하여 또 다른 새로운 상황에 직면하면, 자신의 판단과 원칙 사이를 왔다 갔다 하면서, 판단에 비추어 원칙을 재조정하기도 하고, 원칙에 비추어 판단을 재조정하기도 한다는 것이다. 샌델은 이처럼 행동의 세계에서 이성의 영역으로, 이성의 영역에서 행동의 세계로 마음을 돌리는 것이 도덕적 사고의 핵심이라고 생각한다.

샌델은 이러한 사고방식의 발단을 소크라테스의 변증법과 아리스토텔레스의 도덕철학까지 거슬러 올라가서 찾는다. 그는 도덕적 사고는 판단과 원칙 사이의 접점을 찾는 것이며, 그것은 홀로 추구하는 것이 아니라 여럿이 함께 노력한 결과라고 생각한다. 우리는 친구나 이웃, 전우, 시민과 대화를 하면서 정의의 본질과 도덕적 진실에 도달한다는 것이다.

샌델은 플라톤의 『국가』에 나오는 동굴의 비유를 예로 들면서 정의의 의미와 좋은 삶의 본질을 이해하기 위해서는 편견과 틀에 박힌 일상에서 벗어날 필요가 있다는 사실은 인정하면서도 그의 동굴 우화가 전적으로 옳다고 생각하지는 않는다. 동굴의 비유는 어느 정도만 타당하다는 것이다. 만일 도덕적 사고가 구체적인 상황 판단과 그 판단을 형성하는 원칙 사이를 왕복하는 변증법적 사유라면, 비록 훈련을 받지 않았고 불완전하더라도 그 나름의 견해와 확신이 사고의 기초와 재료로 존재해야 한다고 믿기 때문이다. 샌델은 동굴의 우화처럼 벽에 비친 그림자의 영향을 받지 않은 철학이란 그저 메마른 이상향에 지나지 않는다고 말한다.

샌델은 도덕적 사고를 정치에 적용하여 그것이 공동체의 삶을 다스리는 법으로 정착되기 위해서는 도시의 시끌벅적한 참여, 대중을 흥분에 빠지게 할 어떤 계기가 필요하다고 본다. 그는 미국 사회에서 대중의 관심이 집중된 구제금융, 폭리 가격, 소득불평등, 소수 집단 우대정책, 병역, 동성결혼을 둘러싼 정치철학적 문제를 강의 주제로 가져와서 학생들의 흥미를 불러일으킨다. 이런 문제에 대해 자신의 입장을 가지려면 우리는 자신의 도덕적·정치적 신념을 분명히 하고 정당화해야 하기 때문이다. 샌델은 이런 문제에 대한 우리의 확고한 입장과 원칙을 설정할 것을 요구하고 있는 것이다.

샌델은 정의와 권리, 의무와 합의, 명예와 미덕, 도덕과 법 등과 같이 시민생활과 밀접한 연관이 있는 개념들에 대한 이해를 심화시키기 위해 아리스토텔레스, 임마누엘 칸트, 제레미 벤덤, 존 스튜어트 밀, 존 롤스, 로버트 노직과 같은 철학자들을 등장시킨다. 독자들의 도덕적·철학적 사고 여행의 동행자로 이들을 초대한 것이다.

지식보다 중요한 생각하는 힘

샌델은 이 책의 목적이 정치철학자들의 주장을 단순히 전달하는 것이 아니라, 독자들이 정의에 대한 자신의 견해를 정립하고 비판적으로 검토하게 함으로써, 자신이 무엇을, 왜, 그렇게 생각하는지를 깨닫도록 하는 것이라고 말한다. 곧 정의에 대해 자신의 생각을 가지면서 계속 회의하라는 것이다.

그는 '하버드대 강의'에서도 "이 강의의 목적은 이성의 불안을 일깨워서 이성이 이끄는 곳으로 따라가 보는 것이었습니다. 적어도 그 목적을 달성했다면, 그리고 이성의 불안이 앞으로도 여러분을 끊임없이 괴롭힌다면, 우리가 함께 이루어낸 성과는 결코 작다고 할 수 없습니다."라는 말로 끝을 맺는다. 이성의 본성은 성찰하는 것이지 안전한 곳으로 우리를 인도하는 것이 아니라는 것이다. 이성은 우리를 끊임없이 회의하고 성찰하게 함으로써 한 단계 더 높은 곳으로 인도할 수는 있어도 절대 진리로는 인도할 수 없다는 것이다. 철학은 진리를 끝없이 추구하는 것이지, 진리를 발견하고 그 안에 사는 것은 아니라는 것이다.

샌델은 정치철학은 논쟁을 주고받는 학문이라고 생각한다. 하버드대 '정의' 수업도 학생들이 철학자에게, 다른 학생에게, 그리고 샌델에게 물음을 던지고 그 물음에 대한 입장을 서로 반박한다는 것이다. '하버드대 강의'를 보면 샌델은 강의 전체를 기획한 PD이면서 사회자라는 생각이 든다. PD는 자신의 의도를 실현하기 위해 전체를 기획하고 진행한다. 물론 때때로 샌델의 기획에 맞지 않게 엉뚱한 대답을 하는 학생이 있어도 샌델은 당황하지 않고 수업이 자신이 짜놓은 구성에서 벗어나지 않도록 조정한다. 이 과정에서 샌델은 자신의 기량을 마음껏 발휘하였다.

샌델이 김영사 판 『정의란 무엇인가』의 '들어가는 말'에서 밝히고 있듯이, 대학원생들과 법학도들이 이 강의의 진행을 도왔다. 그리고 강의를 진행하기 전에 매주 미팅을 갖고 이 미팅에서 서로 날카로운 질문을 주고받으면서 학생들에게 무엇을 전달하고 토론할 것인가에 대해 논의하였다. '강의'의 리허설이 진행되었던 것이다.

샌델은 『정의란 무엇인가』 1장에서 직관적으로 사람들이 자유주의와 공리주의에 거부감을 가질 여러 가지 사례를 설명하면서 자신이 내세우는 공동체주의의 필요성과 장점을 부각시키려고 하였다. 정의론에 대한 교과서적 논의에서 주요 이론으로 등장하는 공리주의와 자유주의의 한계를 지적하면서 자신이 주창한 공동체주의의 필요성을 역설한다. 샌델은 자신은 미덕과 명예를 중시하는 정의론인 공동체주의를 지지한다고 공언하기도 하였지만, 객관적인 입장에서 공리주의와 자유주의를 비판하는 것처럼 보이려고 노력하였다.

그는 『정의란 무엇인가』의 2장에서 7장까지를 공리주의와 자유주의 정의론을 비판하면서 공동체주의의 필요성을 일깨우는 데 사용하였다. 이러한 예비적 작업을 거쳐 8장부터는 본격적으로 자신이 지지하는 정의론을 독자들에게 설득하기 시작하였다. 8장에서는 윤리학과 정치철학에서 확고부동한 자리를 차지하고 있는 아리스토텔레스를 끌어들여 자신의 공동체주의의 철학적 기초로 삼았다. 이런 과정을 거쳐 샌델은 마지막장인 10장에서 공리주의나 자유주의와는 구별되는 자신의 공동체주의 정의론을 제시하고, 그것이 현대사회가 당면한 문제점을 해결하는 데 공리주의나 자유주의보다 더 탁월한 이론임을 설득하려고 하였다.

탁월한 교수로서의 샌델

샌델은 자신의 공동체주의를 현실정치나 일상적 생활 사례와 끊임없이 연결시켜 설명하고 있다. 샌델은 여러 가지 사례를 제시하면서 공리주의와 자유주의의 정치철학을 반대하고, 자신의 공동체주의를 옹호한다. 특정한 사례를 제시하면서 자신의 주장을 펼쳐나가는 샌델의 기술은 탁월하여 보통 사람들은 그의 주장에 말려들어 자신도 모르는 사이에 동조하기 마련이다.

샌델은 철저하게 자기에게 유리한 예들을 채택하였다. 따라서 그 예를 받아들이면 그의 철학적 원리가 맞는 것처럼 보인다. 그의 수사술(修辭術)을 따라가면 그의 논리의 문제점을 찾아내기가 어렵다. 독자들은 그가 제시한 몇 가지 사례가 그럴듯하다고 느끼면 그가 제시하는 일반적 원리에 동조하게 된다. 반면에 자신이 반대하는 정치철학을 반박하는 한두 가지 사례를 제시하면서 그 이론이 틀렸다고 말한다. 그러나 한두 가지 반증 사례를 만난다고 그 이론이 전혀 쓸모없는 이론이 되는 것은 아니다.

여기서 우리는 정신을 차려야 한다. 정치철학의 원리들도 자연과학의 이론처럼 일반이론의 형태를 띠고 있다. 학자들은 자신의 정치철학의 원리들을 지지하는 사례를 한두 가지 제시하고 그 이론이 맞다고 주장하고, 자신이 반대하는 정치철학의 경우 그 원리와 맞지 않는 한두 가지 사례를 제시하고 그 이론이 틀렸다고 말한다. 샌델도 전형적으로 이런 방식을 채택하고 있다.

토마스 쿤이 이미 『과학혁명의 구조』에서 밝혔듯이, 과학의 법칙들이 모여 구성한 패러다임은 그것을 반박하는 한두 가지 사례가 등장하더라도 그 패러다임이 반증되었다고 생각하여 그것을 버리지는 않는다. 몇 가지 반증 사례에 직면하여 자신의 패러다임을 포기하는 것은 과학의 발전을 위해서도 바람직한 태도가 아니다. 대부분의 과학자들은 자신의 패러다임이 옳다는 확신 아래 과학 활동을 한다. 이것을 쿤은 '정상과학(normal science)'이라고 하였다.

이런 현상은 정치철학이나 이념에서는 더 심하다. 대부분의 사회과학자들은 자신의 이론을 절대적으로 신뢰하면서 현상을 포착하고 설명한다. 자신의 이론과 맞지 않는 사실은 아예 무시하거나 아니면 교묘하게 자신의 이론을 동원하여 그것을 설명한다. 이것을 능수능란하게 한 사람들이 마르크스와 마르크스주의자들이다. 마르크스 이론을 반박하는 사례들이 한둘이 아니라 무수히 나왔음에도 그 이론이 이 땅에서 사라지지 않는 이유는 바로 그것을 가슴으로 열렬히 믿는 사람들이 있기 때문이다. 가슴으로 믿는 사람들은 자신의 믿음을 반박하는 사례가 한두 가지가 아니라 무수히 많더라도 그것을 반증 사례로 인정하지 않는다. 그것을 무시하거나 자신의 이론 안에서 설명하려고 한다.

이것은 정치철학 이론에도 그대로 적용된다. 샌델이 여러 사실을 제시하면서 공리주의와 자유주의를 반박하였지만, 공리주의나 자유주의는 포기되지 않는다. 그것은 여전히 강력한 힘을 가지고 사람들의 가슴을 지배하고 있다. 물론 이런 주장은 샌델의 공동체주의에도 그대로 적용된다. 샌델의 공동체주의에 설득된 사람들은 아무리 그의 철학을 비판하고 반박 사례를 제시해도 조금도 동요하지 않을 것이다.

샌델은 다수를 설득하는 수사술에 뛰어나다. 그의 글은 대단히 정치적이다. 『정의란 무엇인가』는 철저하게 정치적으로 기획된 책이다. 그의 책은 연대별이 아니라 그가 기획한 수사의 작전에 따라 철학자들과 그들의 이론을 배열하였다. 그가 지지하는 아리스토텔레스의 윤리학과 정치철학은 그가 자신의 주장을 전개하기 직전인 8장에 자리 잡고 있다. 사이사이에 샌델 자신의 주장이 간주곡처럼 등장하지만, 그의 주장은 9장과 10장에 집중되어 있다.

특히 샌델의 하버드대 강의를 시청한 사람들은 그의 화려한 언변과 강의 진행 방식에 빨려든다. 그의 하버드대 강의는 DVD로 제작되어 판매되었을 뿐만 아니라 우리나라와 일본에서 TV에 방영되어 큰 인기를 얻었다. 하버드대 강의는 대형 강의에서도 교수와 학생이 서로 토론수업을 진행할 수 있다는 사실을 보여줌으로써 토론강의가 좋은 강의라는 인식을 심어주고, 이러한 방식의 강의를 해야 한다는 믿음을 확산시켰다. 하버드대 강의의 영향으로 우리나라에서도 샌델을 초청하여 수천 명, 수만 명을 모아놓고 토론강의를 진행하기도 하였다. 그러나 샌델의 하버드대 강의는 즉흥적으로 이루어진 것이 아니라 치밀한 준비와 사전 토론의 과정을 거쳐 이루어졌다. 본 강의에 앞서 학생들과 조교들이 사전에 토론하고 질문을 준비하였다고 한다.

샌델의 하버드대 '정의(Justice)' 수업의 목적은 학생들에게 정의를 다룬 탁월한 철학서적을 소개하고, 철학적 문제를 제기하는 현재의 법적·정치적 논쟁을 다루는 것이다. 이 강의에 참석한 학생들 가운데 철학적 문제에 익숙하지 않은 학생들도 그 당시 미국 사회에서 진행되고 있었던 법적·정치적 문제에 대해서는 어느 정도 관심을 가지고 있었기 때문에 이 강의에 매력을 느꼈다. 사회적으로 쟁점이 된 문제들은 우리가 가지고 있는 철학적 관점에 따라 달리 보일 수 있고, 우리가 당연하게 생각했던 것들이 철학적으로 얼마나 취약한가를 학생들이 깨닫고 이 강의에 흥미를 느꼈을 것이다.

물론 이 강의가 학생들의 흥미를 유도하고 현재의 사회문제에 대한 관심을 철학적으로 재해석할 수 있게 한 역동적인 힘은 수업 전에 학생들이 미리 수업과 관련된 철학자들의 생각이 담긴 원전을 읽어왔기 때문이다. 샌델은 학생들에게 수업 전에 자신이 편집한 『*Justice : A Reader*』 가운데 해당 부분을 이미 읽도록 하고, 그 내용을 어느 정도 이해하고 있다는 전제를 깔고 강의를 진행하였다.

샌델의 읽기자료인 『*Justice : A Reader*』는 전체 14장으로 구성되어 있으며, 이 장들은 『정의란 무엇인가』의 장들과 대응하여 구성되었다. 예를 들면 『정의란 무엇인가』의 2장은 공리주의를 소개하고 비판하는 장인데 『*Justice : A Reader*』에서는 밴덤과 밀의 원전인 『*Principles of Moral and Legislation*』과 『*Utilitarianism*』 가운데 일부가 실려 있다. 샌델의 『정의란 무엇인가』의 3장은 자유지선주의(自由至善主義, Libertarianism)를 소개하고 비판하는 장인데 『*Justice: A Reader*』에서는 Milton & Rose Friedman의 『*Free to Choice*』, Nozick의 『*Anarchy, State, and Utopia*』, Hayek의 『*The Constitution of Liberty*』에서 자유지선주의에 대해 핵심적인 내용을 담은 부분을 발췌하여 전재하였다.

우리는 왜 이렇게 되었는가

어느 나라에서나 분배와 정의에 대한 관심이 날로 높아지고 있다.

소득과 부의 편중이 심화되고 있기 때문이다. 2013년에 프랑스에서 출간되고 2014년에 영어로 번역된 토마 피케티(Thomas Piketty)의 『21세기 자본』에 세계적 관심이 집중된 배경에는 점점 더 심화되고 있는 불평등에 대한 걱정이 자리 잡고 있다. 불평등은 단순히 학술적인 문제가 아니라 모든 사람이 관심을 가질 만한 실생활의 문제가 된 것이다. 오랫동안 불평등을 연구해 온 프린스턴 대학의 앵거스 디턴(Angus Deaton: 1945~)교수가 2015년에 노벨경제학상을 받은 것도 이런 시대적 배경과 무관하지 않다.

2010년에 우리나라에서 번역 출간된 샌델의 『정의란 무엇인가』도 바로 이러한 시대 상황을 반영한 것이다. 그는 『정의란 무엇인가』의 3장 "우리는 우리 자신을 소유하는가, 자유지선주의"를 미국의 부(富)가 얼마나 편중되었는가를 언급하면서 시작하였다. 미국의 상위 1% 부자가 미국 전체 부의 3분의 1을 소유하고 있으며, 이들의 부는 하위 90% 사람들이 가지고 있는 부를 모두 합친 것보다 많다고 통탄하였다. 그리고 상위 10%의 가정이 미국 전체 소득의 42%, 전체 부의 71%를 소유하고 있다고 흥분하였다. 이런 통계에 대해 우리는 직관적으로 무언가 잘못되었다고 느낀다.

샌델은 이렇게 된 원인을 철학적으로 밝히려고 한다. 그는 이렇게 된 이유를 시장승리주의(market triumphalism)에서 찾는다. 그에 따르면, 2008년 미국에서 금융위기가 터지기 전까지 여러 해 동안은 시장에 대한 믿음과 이에 따른 규제 완화를 특징으로 하는 시장승리주의 시대였다.

샌델은 영국에서는 1979년에 마거릿 대처 수상이, 미국에서는

1980년에 로널드 레이건 대통령이 자유와 번영의 열쇠를 정부가 아닌 시장이 가지고 있다는 신념을 선언하면서 시장승리주의가 시작되었다고 주장한다. 영국에서는 보수당에서 노동당으로, 미국에서는 공화당에서 민주당으로 정권이 바뀌어 토니 블레어와 빌 클린턴이 정권을 잡았지만 이들은 시장 친화적인 정책을 계속 유지하였기 때문에 시장승리주의는 1990년대까지 유지되었다. 샌델은 블레어와 클린턴은 시장이 공익을 달성하는 중요한 수단이라는 신념을 더욱 강화시켰다고 주장한다. 그 결과 불평등이 심화되고, 사회의 모든 영역이 시장의 지배를 받게 되었다고 질타하였다.

샌델은 이러한 시대적 조류를 바꾸기 위해서는 새로운 정의론, 새로운 정치철학이 필요하다고 생각한다. 근대 이후 서양을 지배해온 정의론, 곧 공리주의와 자유주의를 가지고서는 오늘 우리가 당면한 불평등을 비롯한 여러 사회문제를 해결할 수 없다고 본 것이다. 행복과 자유를 우선적으로 중시하는 공리주의와 자유주의 정의론에서는 이 시대의 문제를 해결할 수 있는 해결책이 나오지 않으므로 근본적인 대안이 필요하다는 것이다.

그 공리주의와 자유주의가 만든 현대세계를 종식시키고 새로운 세계를 열 수 있는 열쇠를 제공할 수 있는 정의론으로 그는 공동체주의 정의론을 제시하였다. 그러나 공동체주의라는 명칭을 싫어하는 샌델은 그것을 '시민적 공화주의' 정의론이라고 명명하였다. 공동체주의는 개인이 아니라 공동체와 공공선(公共善)을 중시하고, '좋은 삶'의 관점에서 정의론을 새롭게 바라본다. 그의 이러한 철학은 『정의란 무엇인가』란 책에 온전히 담겨 있다.

공동체주의자(共同體主義者)들의 기본입장은 특히 자유주의에 대한 비판에서 출발한다. 근대 이후 서양의 정치철학을 지배해온 자유주의의 문제점이 20세기에 들어 심각하게 드러났다는 것이다. 공동체주의자들은 개인주의에 기초한 자유주의가 공공의 가치를 잠식하여 공동체가 파괴되고 사람들의 삶이 불행해졌다고 주장한다. 자유주의가 중시하는 자유와 기회의 평등이라는 가치만으로 사회가 온전하게 운영되고 개인이 행복을 누릴 수는 없기 때문에, 자유와 평등에 더해 우애(友愛) 또는 연대성이라는 가치가 새롭게 도입되어야 한다는 것이다. 자유와 평등, 연대가 균형을 이룰 때 공동체는 정상적으로 작동하고 이 속의 개인들도 행복을 누릴 수 있다는 것이다.

이러한 공동체주의자의 입장에서 샌델은 『정의란 무엇인가』를 통해 서양 윤리학의 중요한 이론들을 개관하고 비판하면서 자신의 새로운 입장인 공동체주의를 설파하였다. 샌델은 서양의 윤리학과 정의론의 역사에서 가장 중요한 이론으로 자리 잡은 공리주의(功利主義) 및 자유주의(自由主義)와 대등한 자리에 자신의 공동체주의를 앉히려고 하였다. 그의 이러한 시도는 어느 정도 성공하였다.

샌델은 1980년대에 '자유주의와 공동체주의 논쟁'을 촉발시키면서 공동체주의를 자유주의에 버금가는 위상(位相)을 가진 이론으로 격상시켰다. 아직까지 공동체주의에 대한 비판이 지속되고 있지만, 서양윤리학사에서 공동체주의는 자신의 확고한 자리를 새롭게 마련하였다. 우리나라 고등학교 윤리 관련 교과서에서 공동체주의가 소개되고 있는 것을 보면 공동체주의는 공리주의, 자유주의와 대등한 학문적 지위를 획득한 것처럼 보인다.

『정의란 무엇인가』는 정의론을 중요한 주제로 다루기는 하지만 전적으로 정의에 관한 책은 아니다. 오히려 이 책은 "행해야 할 옳은 일은 무엇인가"라는 부제(副題)에 충실한 책이다. 윤리학은 좋음·나쁨, 옳고·그름을 연구하는 학문이다. 샌델은 서양윤리학을 대표하는 철학자들 가운데 아리스토텔레스에 공감하고, 공리주의자인 벤덤과 밀, 칸트를 집중적으로 소개하면서 비판적으로 논의하고 있다. 그리고 원제목인 '정의(正義)'를 논의하기 위해 롤스, 노직, 매킨타이어 등을 소개하고 비판하면서 정의론을 선악(善惡)이나 옳고 그름(是非)의 문제와 연결하여 자신의 독특한 공공의 철학(public philosophy)을 전개하였다.

『정의란 무엇인가』는 전통적인 윤리학과 정의론을 정치철학과 결합한 책이기 때문에 일반 독자가 쉽게 읽을 수 있는 책은 아니다. 샌델은 정의론을 다루면서도 그것을 정치철학의 맥락에서 해석하고 있기 때문에 그의 정치철학적 입장을 이해하지 못하면 공동체주의적 정의론을 이해하기 어렵다.

샌델은 전통적인 윤리학과 정의론을 정치철학과 결합하여 현재 미국사회에서 쟁점이 되고 있는 여러 현실문제들을 정치철학적 관점에서 해석하였다는 점에서 순수하게 이론만 다루는 강단 정치철학자들과 구별된다. 샌델은 미국에서 사회적 쟁점으로 부상한 문제들을 윤리학·정의론·정치철학을 동원하여 해석함으로써 살아있는 철학을 하고 있다는 인상을 주어 독자들의 흥미를 유발하였다.

그는 우리나라에 와서도 실제 사회적 쟁점이 된 여러 사안들에 대해 진지한 논쟁을 유도함으로써 우리 사회의 문제들에 대해서도 해결의 실마리를 제시하려고 하였다. 그는 우리 사회에서 문제로 등장한 불평등과 빈곤, 반값 등록금, 무상급식, 기여 입학, 동반성장, 쌍용자동차 해고자 문제, 북한의 행동에 대한 남한의 대응, 역사적 기억과 부당 행위, 세월호의 비극과 같은 문제들에 대해 직·간접적으로 자신의 의견을 개진하기도 하였다.

샌델은 강단 철학자들과 달리 대중들에게 다가가서 현실문제를 철학적 관점에서 접근하여 시민들의 생각을 유도함으로써 일반인들에게 깊은 인상을 주었다. 샌델은 『10대를 위한 정의란 무엇인가』란 책에서 다음과 같이 말했다.

> "나는 나의 책 『정의란 무엇인가』가 한국에서 정의로운 사회의 의미에 관한 공개토론에 일조하게 된 것에 대해 매우 자랑스럽게 생각합니다. 한국의 독자들이 내 책과 강의에 매력을 느꼈다면, 그 이유는 내가 결정적인 답을 제시해서라기보다는 어려운 도덕적 질문에 대해 함께 생각하고자 정중한 태도와 상호 존중의 정신으로 독자와 청중을 초대했기 때문일 것입니다."

이렇게 말함으로써 샌델은 자신이 정의와 도덕적 질문에 대해 자신의 입장을 개진하지 않은 듯한 인상을 준다. 물론 샌델이 끊임없이 독자들에게 생각하도록 독려하고 있는 것은 사실이다. 그러나 그는 그 과정을 통해 자신의 생각으로 사람들을 이끌어가고 있다. 그의 책을 읽거나 강의를 듣는 사람들은 자신도 모르는 사이에 샌델의 주장으로 이끌려 간다.

샌델 철학의 출발점으로서의 아메리카 합중국

샌델은 자신이 살고 있는 미국사회를 시장지상주의 시대, 거래 만능 시대로 규정하고 시장의 역할에 대해 다시 생각해야 한다고 주장한다. 그는 세상에는 돈으로 살 수 없는 것들이 존재함에도 불구하고 현재 미국에서는 많은 것들이 거래의 대상이 되고 있다는 것이다. 예를 들면 교도소 감방 업그레이드, 나 홀로 운전자가 카풀 차로(車路) 이용하기, 이마에 상업용 광고, 약물 실험대상 되기와 같은 것은 '우리가 무엇이든 사고 팔 수 있는 시대에 살고 있다'는 징표라는 것이다.

샌델에 따르면, 시장과 시장가치(markets and market values)가 현대 미국인의 삶을 지배하게 되었으며, 사람들은 시장을 숭배하고 시장적 사고를 한다는 것이다. 재화의 생산과 유통을 조직화하는 기구로서 시장이 거둔 성공과 그것이 가져다 준 물질적 풍요와 번영에 감복하여 모든 것을 시장에 맡기려는 경향이 미국사회를 지배하게 되었다는 것이다. 곧, 사고파는 논리가 물질적인 영역뿐만 아니라 점차로 우리 생활 전체를 지배하게 되었다는 것이다. 이에 충격을 받은 샌델은 '이제 이런 방식으로 살 것인가 말 것인가를 결정해야 할 시기'에 당면하게 되었다고 말한다.

미국에서 금융위기가 발생하자 시장에 대한 강력한 의문이 제기되었다는 것이다. 샌델은 시장은 자신이 창출할 수 있는 위험을 효율적으로 분산시킬 수 있는 능력이 없다는 인식이 확산되었을 뿐만 아니라 시장이 도덕에서 일탈하고 있다는 인식이 널리 퍼지게 되었다고 주장한다. 이런 인식이 확산됨으로써 시장과 도덕을 다시 연결해야 한다는 목소리가 커지게 되었다는 것이다.

샌델은 시장과 도덕의 재결합을 시장과 시장가치가 침범하지 말아야 할 영역에 침범한 것을 밝혀서 그것들을 시장 밖에 위치시키는 것에서 찾는다. 샌델은 이 과제를 수행하기 위해서는 ① 시장이 사회에서 행사하는 역할에 대한 재고(再考) ② 시장의 본분에 대한 공적 논의 ③ 시장의 도덕적 한계 ④ 돈으로 사서는 안 되는 것은 무엇인가에 대해 논의해야 한다고 생각한다.

샌델은 전통적으로 비시장적 규범이 지배하던 삶의 영역이었으나 시장과 시장 지향적 사고가 확산된 영역으로 다음과 같은 것을 제시한다.

◦ 영리추구 학교
◦ 영리추구 병원과 교도소 확산
◦ 전쟁을 민간 군사기업에 위탁
◦ 민간 경호업체가 늘어나면서 공공경찰 약화
◦ 제약회사의 광고 : 세계 최대의 건강 위기 : 말라리아나 ‘사상충증’이 아니라 발기부전
◦ 상업광고의 공립학교로의 확산
◦ 공원이나 공공적 공간에 명명권(命名權)을 판매
◦ 인공수정용 맞춤 난자와 정자은행
◦ 개발도상국의 대리모를 통한 임신 외주(外注)
◦ 기업과 국가가 주도하는 공해배출권 거래

◦ 선거권의 거래와 유사한 선거자금법

샌델은 미국사회에서 30여 년 전부터 건강, 교육, 공공안전, 국가안보, 사법체계, 환경보호, 스포츠와 여가 활동, 임신과 출산, 그 밖의 사회적 재화에 시장논리가 개입하기 시작했다고 주장한다. 미국사회는 모든 것을 사고팔 수 있는 사회를 향해 나아가고 있다는 것이 샌델의 진단이다.

샌델이 미국사회가 이렇게 변모하는 것을 큰 문제로 보는 이유는 시장사회는 불평등(inequality)과 부패(corruption)를 유발한다고 보기 때문이다. 모든 것이 거래되는 사회에서는 돈이 모든 것을 결정하기 때문에 재산이 넉넉하지 않은 사람은 살기에 힘이 든다. 돈으로 살 수 있는 대상이 많아질수록 재산의 많고 적음이 더욱 중요해지기 때문에 불평등은 심각한 문제라는 것이다.

샌델은 우리가 시장에서 사고팔아서는 안 되는 것을 사고팔면, 시장은 그것을 부패시킨다는 것이다. 우리의 삶에서 가치 있는 것들에 가격을 매기면 그것이 오염된다는 것이다. 시장은 단순히 재화를 교환시키는 것이 아니라 교환되는 재화에 대해 어떤 태도를 가지도록 한다는 것이다. 나아가 성적이 좋은 아이에게 돈을 주면, 공부를 잘하게 하려는 본래 의도는 사라지고 아이들은 돈을 받기 위해 공부하게 되므로, 돈이 동기마저 바꾸게 한다는 것이다. 아이들에게 돈을 주고 독서를 권장하면, 그들이 독서에 힘쓰게 될 수도 있다는 것을 인정한다. 그러나 그렇게 되면 독서는 내면적 만족이 아니라 노동으로 변질된다는 것이다. 대학의 기부금 입학은 대학의 품위와 가치를 훼손하며, 용병제를 도입하면 자국민의 생명은 구할 수 있지만 시민정신의 의미를 퇴색시킨다는 것이다.

미국사회를 이렇게 진단하면서 샌델은 돈으로 살 수 있는 것과 사서는 안 되는 것이 무엇인가를 결정하기 위해, 우리는 어떤 가치가 사회적·시민적인 생활의 다양한 영역을 통제해야 하는가에 대한 결정을 해야만 한다고 주장한다. 샌델은 좋은 삶과 정의, 공공선을 추구하기 위해 자유주의와 달리 모든 것을 '선택할 자유'에 맡길 것이 아니라 통제해야 한다고 주장한다. 가치 있는 것을 보존하고 시민들이 그 가치를 실행하도록 하기 위해서는 공동체가 사람들의 가치와 행위를 통제해야 한다는 것이다. 그런데 시민들을 통제할 수 있는 힘을 가진 공동체는 현대 사회에서 국가밖에 없다.

샌델을 사랑한 대한민국, 샌델이 사랑한 대한민국

샌델의 『돈으로 살 수 없는 것들: 시장의 도덕적 한계(*What Money Can't Buy: The Moral Limits of Market*)』의 한국어 번역본은 이 책이 미국에서 발간됨과 동시에 발간되었다. 『돈으로 살 수 없는 것들』에서 샌델은 『정의란 무엇인가』에서 거론한 주제의 범위를 확장했다. 오늘날 민주주의 사회가 돈과 시장을 둘러싸고 직면한 윤리적 딜레마를 숙고할 것을 요청하기 때문에 자신은 이에 부응해 『돈으로 살 수 없는 것들』을 집필했다는 것이다. 샌델이 자신의 두 책에서 다루고 있는 주제들은 대체로 미국사회가 직면한 문제들이지만 그동안 한국사회도 시장을 수용하여 경제적으로 성공함으로써 번영과 부를 누리게 되었기 때문에 미국과 유사한 성격의 사회적 문제에 봉착하였다고 판단한다. 그러면서 그는 오늘날 한국사회가 직면한 문제들을 다음과 같이 정리한다.

◦ 어떻게 각종 불만을 완화할 것인가?
◦ 공정한 사회를 어떻게 구축할 것인가? : 공정한 사회란 무엇인가?
◦ 시장가치가 가족·지역사회·공공선을 훼손하거나 잠식하지 못하게 하려면 어떻게 해야 하는가?
◦ 가정생활을 비롯해 개인이 맺는 관계, 교육, 건강, 환경, 시민생활, 스포츠, 심지어 삶과 죽음의 문제에서 돈과 시장이 차지하는 적절한 역할은 무엇인가?
◦ 시장이 공공선에 기여할 수 있는 영역과 시장논리를 적용하면 안 되는 영역을 어떻게 결정할 것인가? : 시장논리란 무엇인가?
◦ 시장체제가 제공하는 최상의 이익을 누리면서도 모든 것이 거래의 대상이 되는 사회를 만들지 않을 수 있을까?

특히 샌델은 시장의 한계에 관심을 갖는다. 그는 시장을 부정하지는 않지만 명백하게 한계를 지니고 있는데 이것을 깨닫지 못하면 부정이 일어나고 공정성과 가치가 훼손된다고 주장한다. 따라서 그는 시장이 공공선에 기여할 수 있는 영역과 시장논리를 적용하면 안 되는 영역을 구분하려고 한다. 시장체제가 제공하는 이익을 최대한 누리면서 시장에서 거래되어서는 안 되는 것을 찾아 시장으로부터 보호하려고 한다. 공정한 시장은 자원을 효율적으로 배분하지만, 시장에서 매매해서는 안 되는 것이 있다는 것이다. 샌델이 돈으로 사고팔아서는 안 된다고 생각한 것에는 성 · 입학자격 · 노벨상 · 환경 · 사회봉사와 같은 것이 포함된다. 시장의 도덕적 한계를 설정하지 않고 모든 것을 사고팔면 인간으로서 지켜야 할 도덕적 가치, 곧 시민적 참여, 공공성, 사랑과 우정, 명예가 밀려나기 때문에 사회적 통제를 통해 이것을 막아야 한다는 것이다.

샌델이 한국을 처음 방문한 때는 2005년이다. 그는 한국철학회의 초청으로 제9회 다산기념 철학 강좌를 했다. 당시 샌델은 서울대, 경북대, 전북대 등 몇몇 대학에서 강의하였다. 이때 행한 강의는 2008년에 『공동체주의와 공공성』이라는 제목으로 <철학과 현실사>에서 출간되었다. 이 책을 위해 샌델은 2007년 8월에 보내온 "한국 독자들께 드리는 서문"에서 "시장에서 이루어지는 물건의 교환과 달리 지적 교환은 거래라기보다 나눔에 더 가깝다. 시장의 상인과 달리 문명권을 넘어 생각을 교환하는 이들은 자신의 상품을 다른 것과 주고받는 것이 아니다. 그들은 자신이 소유한 것을 여전히 지니고 있게 되며, 심지어 통찰과 관점을 얻기도 한다."라고 하면서 자신의 공동체주의에 대한 한국 학자들의 비판에 대해 감사를 전하였다.

당시 샌델은 미국사회가 지나치게 자유주의적 개인주의에 몰입하여 사회적 연대를 침식시키고 공공선에서 멀어졌다는 이유로 자유주의적 개인주의를 비판하면서 공동체주의를 그 대안으로 제시하였다. 그러나 한국의 학자들은 샌델의 공동체주의적 관점에 대해 비판적이었으며, 자유주의적 개인주의를 열정적으로 옹호하여 당혹스러움을 가졌다고 말하였다.

샌델은 이러한 현상을 현대 영미 정치철학에 등장한 공동체주의적 사유가 유교의 윤리적 사고와 유사하여 친족공동체와 다른 공동체 그리고 덕의 함양을 강조하였다는 점에서 유사성을 가지고 있다고 말하면서, 오히려 이 유사성 때문에 한국의 학자들이 공동체주의에 대해 비판적인 입장을 견지한다고 진단하였다. 한국의 학자들은 전통과 공동체, 권위를 중요하게 생각하는 한국사회에서 자유주의적 개인주의가 한국사회의 진보적 개혁을 위해 유망한 자원이 될 수 있다고 생각하고 있다는 것이다.

2005년 당시 샌델이 한국 철학계에 얼굴을 내밀었지만, 언론이나 사회는 별로 주목하지 않았다. 당시 샌델을 만난 한국의 철학자들, 특히 윤리학자들은 그가 열렬히 비판한 롤스의 정의론에 호감을 많이 가지고 있었기 때문에 그의 공동체주의를 별로라고 생각했을 수도 있다. 샌델은 1982에 롤스의 정의론의 철학적 토대를 비판한 책을 발간함으로써 자신의 학문적 여정을 시작하였다.

샌델은 당시 영미 철학계에서 크게 주목을 받고 있던 롤스의 저격수로 철학계에서 두각을 나타내기 시작하였다. 롤스의 사회정의론에 동조하면서 롤스의 평등주의적 정의론을 우리 사회가 지향해야 할 이념으로 여긴 한국의 철학자들은 유교의 공동체주의와 샌델의 공동체주의 사이에 유사성을 발견하고, 우리는 샌델보다 롤스에 더 주목해야 한다고 생각하여 그의 공동체주의에 냉담하면서 비판적인 태도를 견지했다고 볼 수도 있다.

그러나 세상은 변했다. 샌델의 『*Justice: What's the Right Thing to*

do?』가 미국에서 2009년에 출간되고 그것이 『정의란 무엇인가』라는 이름으로 2010년에 서울에서 출간되자 상황은 완전히 역전되었다. 『정의란 무엇인가』는 단시간에 100만 부 이상 팔리면서 한국사회에 '정의' 돌풍을 몰고 왔다. 많은 사람들은 아무리 교과서라고 하지만 쉽지 않은 철학책이 우리 사회에서 주목을 받으면서 100만 부 이상 팔리는 기현상에 의문을 제기했다. 샌델의 정의 돌풍에 대해 여러 가지 해석이 제시되었지만 아직도 미스터리로 남아 있다. 불과 5년 사이에 샌델의 이미지는 완전히 달라진 것이다.

『정의란 무엇인가』가 돌풍을 일으키자 『10대를 위한 정의란 무엇인가』까지 출간되고 샌델은 한국에서 록스타 철학자가 되었다. 2010년 아산정책연구원 초청으로 한국에 온 샌델은 경희대학교에서 약 4,500명의 학생들을 상대로 공개강의를 했다. 뿐만 아니라 『돈으로 살 수 없는 것들』의 출간과 함께 이 책의 마케팅을 위해 2012년 6월 샌델이 한국에 왔을 때, 그의 강연장에 입장할 수 있는 표를 사전에 무료로 배부했는데 이 표가 암표시장에서 적지 않은 돈에 판매되고 있다는 소식을 듣고 샌델은 그것이 자신의 철학과 부합하지 않는다고 하여 연세대학교 야외 노천극장으로 강의 장소를 바꾸자 약 1만 5천 명의 청중이 몰려들었다고 한다. 주최측도 놀라고 샌델도 놀랐다고 한다. 샌델은 그곳에서 결코 잊을 수 없는 경험을 했다고 하면서 당시 상황을 다음과 같이 술회했다.

> "그토록 많은 사람들이 있었어도 우리는 모두 친밀감을 느꼈다. 나는 새로 나온 내 책을 소개하며, 청중을 대화에 초대했다. 좋은 사회에서 돈과 시장은 어떤 역할을 해야 하는가? 돈으로 살 수 없는 것들이 있는가? 돈으로 살 수 있지만, 사서는 안 되

는 것이 있는가? 나는 시장논리의 도입으로 논란이 될 수 있는 일부 사례에 대한 청중의 반응을 물었다. 예를 들어, K팝 스타는 소득의 일부를 내고 군대를 면제받아도 될까? 하버드나 다른 유수의 대학들이 부모로부터 상당한 기부금을 받고 자식을 입학시켜도 될까? 만약 그 돈이 우수하지만 가난해서 등록금을 낼 수 없는 학생들의 장학금으로 사용된다면?"

샌델의 이런 물음에 청중들은 손을 들어 대답했다고 한다. 대학 강의실에서는 질문하는 것이 서툴렀던 학생들이 샌델 앞에서는 앞다투어 질문을 했다고 한다. 청중들은 다른 딜레마와 논쟁했고, 잘 추론된 주장으로 자신의 의견을 정당화했다는 것이다. 여러 가지 이견에도 불구하고 청중들은 서로에게 귀를 기울였고, 서로 다른 입장을 가진 사람들의 주장에도 이성적으로 대답했다고 한다. 황혼이 지고 달이 노천극장 위로 솟아오를 때까지 논쟁은 계속되었다. 샌델은 논쟁했던 특정 딜레마를 넘어, '정의의 기본 원칙과 좋은 사회의 의미'에 대해 논쟁하고 있음을 발견했다고 감격해 했다.

샌델은 그때 논쟁했던 모든 질문들을 해결하지는 못했고 이견은 여전했지만 "아마도 세계 역사상 가장 큰 상호작용 철학 강의로 기록될 노천극장에서의 논쟁에 참여했다는 사실에 황홀했다"고 회고했다. 샌델은 이 서울의 따뜻한 봄날 저녁, 야외에 모였던 대중의 생각은 고대 아테네 집회에 참석했던 사람들이 느꼈던 생각과 비슷했을 것이라고 강한 의미 부여를 했다. "이견을 가진 사람들이 정중하고 예의를 갖춰 나눈 그 대화는 민주주의 시민정신이 무엇인지 엿볼 수 있게 해주었다."며 한국의 청중들을 높이 평가했다. 그는 한국의 독자와 청중들을 "민주주의의 희망을 보여준 영감 있는 여행"에 참여한 사람들이라고 추켜세웠다.

샌델에게 비친 한국

샌델은 『정의란 무엇인가』가 한국에서 불러일으킨 뜨거운 반응을 보고 놀라움과 흥분을 감추지 못하고 있다. 이 책이 출간된 미국과 일본보다 특히 한국에서 놀라운 속도로 팔렸기 때문이다. 일본에서는 60만 부, 한국에서는 100만 부가 훨씬 넘게 팔렸다. 그는 이 책이 한국에서 100만 부 이상 팔릴 것이라고 전혀 예상하지 못했다고 고백했다. 철학자로서 밀리언셀러 저자가 되는 것을 누가 감히 생각이나 하겠는가? 뿐만 아니라 이 책이 한국에서 정의로운 사회의 의미가 무엇인가에 대해 사회적 토론을 불러일으킬 것이라고는 전혀 생각하지도 못했다는 것이다.

왜 하필이면 『정의란 무엇인가』의 출간을 계기로 한국에서 정의로운 사회에 대한 사회적 토론이 일어났을까? 산업화와 민주화를 이룩하고 난 뒤에 자연스럽게 나오는 문제가 '정의'인가? 아니면 이 책이 출간된 시기에 정의에 대해 사회적 관심을 촉발시킬 만한 무슨 계기가 한국에 있었는가? 이 책이 출간된 시기에 정부가 표방한 '공정'과 맞물려 정의로운 사회에 대한 관심이 동시에 일어난 것일까? 그것도 아니면 이 책을 출판한 유명 출판사의 판매 마케팅이 정의에 대한 사회적 관심을 불러일으킨 것일까? 소위 말하는『정의란 무엇인가』가 초래한 '공정 열풍', 또는 '정의 열풍'을 설명하려는 여러 가지 시도가 있었고, 그 나름의 설명력은 있었지만, 이 현상을 명료하게 풀어주는 설명은 없었다.

한국의 독자들이 샌델에게 한국 사회에서 '공정 열풍'과 '정의 열풍'이 나타난 이유가 무엇인가를 설명해 달라는 질문을 자주 했던 모양이다. 샌델 자신도 그 물음에 대한 답을 확실히 알지 못하고 다만 추측하고 있을 뿐이라고 말한다. 그의 추측에 따르면, 한국인은 도덕과 가치에 관한 물음처럼 커다란 질문을 놓고 공개적으로 함께 토론하길 원하는 강한 열망과 갈증을 가지고 있으며, 자신의 책이 그러한 열망에 부응했다는 것이다. 샌델은 자신의 책이 도덕과 가치에 관한 물음에 대해 결정적인 답을 제시하지는 않았지만, 자신의 강의와 책이 우리들이 직면하고 있는 가장 어려운 도덕적 질문에 대해 함께 생각할 수 있는 토론의 장(場)으로 사람들을 정중한 태도와 상호 존중의 정신으로 초대했다는 것이다.

샌델이 보기에 한국은 젊은 민주사회이다. 한국은 60년대 이후 짧은 기간에 경제적으로 정치적으로 놀랍게 변모했다는 것이다. 그동안 한국이 압축적으로 성취한 경제와 정치에서의 업적은 샌델도 인정한 것이다. 경제적으로 세계에서 앞자리에 서게 되자 이제 '좋은 삶의 의미'에 대해 묻기 시작했다는 것이다. '좋은 삶의 의미'를 묻는 것은 도덕과 가치에 대해 묻는 것이고, 정의로운 사회에 대해 묻는 것이다. '좋은 삶'은 단순히 개인적인 차원에서 충족될 수 있는 것이 아니기 때문이다.

'좋은 삶'을 살려는 사람들은 자신이 살고 있는 사회가 어떤 사회여야 하는가에 대해 물어야만 한다. 샌델은 다음과 같이 말한다.

"세계에서 앞서 가는 경제권 가운데 하나가 된 지금, 한국인들은 좋은 삶의 의미에 대해 묻고 있다. 일인당 소득이 어느 정도 달성된 뒤에도, 돈으로 더 많은 행복을 살 수 있을까? 아니면 행복은 돈으로 살 수 없는 활동과 관계에 달려 있을까? 불평등이 심화되고 부자와 가난한 자의 차이가 확대되는 것을 어떻게 해야 할까? 건강보험료는 지불능력에 따라 부담해야 할까, 아니면 필요에 따라 부담해야 할까? 교육 역시 마찬가지다. 부유한 부모가 그렇지 못한 부모에 비해 자녀 사교육에 더 많은 돈을 지출할 수 있는 상황은 정당할까?"

"기업의 정의는 어떠한가? 자본주의 사회에서 기업들은 규모를 키워 효율을 추구하고 경쟁한다. 하지만 기업은 다른 것에 우선하여 주주가치의 극대화를 추구해야 할까? 아니면 종업원, 고객, 협력업체, 그리고 기업이 속한 공동체의 복지 증진에도 힘써야 할까? 기업이 가격을 낮추고 이익을 늘리기 위해 일손을 아웃소싱 하는 것은 잘못일까? 대기업이 중소기업에 대한 책임이 있다면 무엇일까? 정부는 소비자들에게 낮은 가격을 제시할 수 있는 대형 업체들로부터 지역 상권을 보호하는 노력을 해야 할까?"

뿐만 아니라 한국은 한국이 처한 특수한 여건으로부터도 여러 가지 정의 및 도덕의 문제가 제기된다고 말한다. '남한은 북한의 위협적인 말과 행동에 어떻게 대응해야 할까? 오늘날 국가 사이의 관계에 있어 과거의 고통스러운 역사적 기억 및 부당행위는 어느 정도 영향을 미쳐야 할까?' 우리의 주변국인 일본과 중국 사이의 관계를 염두에 둔 말이다. 또한 얼마 전에 있었던 가슴 아픈 '세월호의 비극에 대해 한국은 어떻게 대응해야 할까?'라는 질문도 제기한다.

샌델은 그동안 우리나라를 여러 차례 방문하고 각계각층의 사람들을 만나면서 우리 사회가 당면하고 있는 여러 가지 문제에 대한 지적 감각을 가지게 되었다. 물론 이런 문제 가운데는 우리 사회만 직면한 문제도 있지만 세계적으로 보편적인 문제도 있다. 샌델은 기회 있을 때마다 이런 문제에 대해 자신의 입장을 피력하기도 하였다. 그는 쌍용자동차 해고 노동자를 지원하는 집회에 참석하기도 하였고, 언론과 인터뷰에서 조심스럽게 한국사회의 문제에 대한 해결책을 제시하기도 하였다.

그러나 그는 적어도 공식적으로는 중립적인 입장을 취하고 있다. 한국사회가 당면한 문제에 대한 논의는 극심한 이견과 격렬한 논쟁을 촉발하기 때문에 하나의 답을 이끌어내는 것은 가능하지 않다고 믿는다. 그리고 사람들이 이러한 문제들에 대해 서로 상반된 의견을 표출하는 이유는 그보다 더 깊은 곳에 자리 잡은 '좋은 삶', '좋은 사회'가 무엇인가를 규정해 주는 철학이 다르기 때문이라는 것이다. 한마디로 말하면, 도덕적 신념이 다르기 때문이다.

이런 상황에서 샌델은 의견충돌이 두려워서 공적 담론에서 심오한 도덕적 신념을 표출하는 것을 주저해서는 안 된다고 충고한다. 좋은 삶, 좋은 사회, 정의에 대한 경쟁적인 원칙들을 두고 공적으로 토론하고 다투는 것은 그 사회가 취약하다는 징표가 아니라 성숙되고 자신감 넘치는 민주주의의 징표라고 믿기 때문이다. 그는 한국인들은 이러한 물음에 대해 공개적으로 토론할 의지와 능력이 있다고 확신하고 그것을 존경한다고 말한다.

그리고 우리 사회 일각에서 표출된 의견, 곧 한국사회가 정의롭지 못한 사회이기 때문에 『정의란 무엇인가』가 선풍적인 인기몰이를 했다는 해석에 대해서는 그렇지 않다는 입장을 표시하였다.

2012년 아산정책연구원이 실시한 사회정의에 관한 여론조사에서, 미국인들은 38%가 미국사회가 정의롭지 못하다고 생각하였지만 한국에서는 74%가 한국사회가 불공정하다고 생각한다고 응답했다. 샌델은 이런 응답을 두고 미국사회가 한국사회보다 더 정의롭다는 결론을 내리는 것은 오류라고 단정한다.

이 조사는 사람들이 자신의 사회가 얼마나 정의롭다고 생각하는지를 측정한 것이지 그 사회가 실제로 정의로운가를 측정한 것은 아니기 때문이라는 것이다. 자기가 몸담고 있는 사회의 부당함에 대한 비판의식에서 한국인이 미국인보다 더 예민하게 반응한다는 것이다. 미국도 한국처럼 불평등이 증가하고 있지만 한국인들이 미국인들보다 불평등 문제에 대해 더욱 민감하게 여기고 우려한다는 것이다. 불평등한 사회를 불공정한 사회 또는 정의롭지 못한 사회로 보아야 할 것인가에 대해서는 이념에 따라 서로 다른 대답을 제시할 수 있을 것이지만 샌델은 불평등과 부정의 또는 불공정을 같은 것으로 보고 있다.

샌델은 한국사회가 당면한 문제에 대해 적극적인 관심을 표명하면서 이러한 문제에 대해 사회적 관심이 높은 것은 그 사회가 건강하다는 징표로 해석한다. 이렇게 해석하면서 그는 자연스럽게 정의란 무엇인가에 대한 다양한 철학적 이론으로 독자들을 인도한다.

대한민국 지식인들의 반응

샌델은 시장을 '연금술'이라고 하면서 칭송하는 듯하지만, 시장을 신뢰하지는 않는다. 시장을 완전히 배척하고 추방하지 않는다는 측면에서 자본주의를 다른 제도로 대체되어야 할 것으로 보지는 않지만, 자본주의의 명확한 한계를 깨달아야 한다고 주장한다. 샌델은 이것을 '시장의 도덕적 한계'라고 하였다. 그는 사회적으로 가치 있어 보이는 것을 시장에 포함시키지 않으려는 내심을 드러내놓고 표현한다. 우선 샌델은 자신이 왜 미국에서 공동체주의의 필요성을 깨닫게 되었는지를 설명한다.

샌델은 미국사회를 지배하는 정치철학 또는 이념이 자유주의라고 진단한다. 그리고 미국사회의 많은 문제들이 이러한 자유주의 정치철학에서 나온다고 판단한다. 샌델은 자유주의의 중립성을 표방하고 있는 자유주의의 공공철학은 구성원들의 의무와 연대를 적절하게 고려하고 있지 못하며, 인간적·사회적 관계에서 시장이 영향력을 미치는 영역을 지나치게 많이 허용하고, 시민들이 자치(self government)에 참여하기 위해 필요한 시민적 덕성을 배양하는 데 실패하고 있으며, 도덕적·정신적 공명을 상실한 빈곤한 공적 담론으로 이끌고 간다고 주장한다.

샌델은 자신의 정치철학적 입장을 '공동체주의적'이라고 부르는 것을 달가워하지 않는다. 그렇다고 자신의 정치철학에 공동체주의적 요소가 전혀 없다고 부정하지도 않는다. 자신이 자유주의에 대해 비판한다는 점에서 공동체주의적이라는 것을 인정한다. 사회적 연대를 침식시키고, 공공선에서 멀어지게 하는 요소가 자유주의적 개인주의 속에 존재하는데 이것을 샌델은 비판한다는 것이다. 자유주의는 자유를 소비주의적으로 이해하기 때문에 이것은 비판받아 마땅하며, 여기에 초점을 맞추면 자신의 입장을 공동체주의적이라고 부르는 것이 틀린 것은 아니라는 것이다.

그럼에도 불구하고 샌델은 자신이 공동체주의자로 명명되는 것에 대해서는 불편한 심기를 드러낸다. 그 이유는 공동체주의라는 말 속에서는 샌델이 거부하는 주장이 포함되어 있기 때문이다. 공동체주의에 포함되어 있는 그가 거부하는 견해는 "다수의 가치(또는 편견)가 항상 지배적이어야 한다거나, 정의란 어느 특정 시대에 어느 특정 사회에서 우연히 지배적이었던 관행과 습관에 의해 정의되어야 한다."는 입장이다. 과거에 특정 장소에 존재했던 공동체의 관습과 전통을 보수적으로 인정하고 존중해야 한다는 입장으로 정의된 공동체주의에 반대한다는 것이다. 샌델은 공동체의 관행과 전통을 맹목적으로 수용하지 않고 그것을 비판적으로 평가해야 한다는 입장을 취한다. 받아들일 수 없는 관행과 전통에 대해 비판적인 입장을 견지한다는 점에서 자유주의와 다를 바가 없다는 것이다.

샌델은 공동체주의에 대한 한국 철학자들의 반응을 흥미롭게 바라본다. 샌델은 자신이 유교에 대해 아는 것이 많지 않지만, 공동체주의와 유교가 친족관계와 공동체, 그리고 덕의 함양을 강조한다는 점에서 어느 정도 유사성을 가지고 있으며, 이러한 유사성 때문에 한국의 철학자들은 공동체주의에 대해 비판적인 입장을 견지하면서 자유주의적 개인주의를 웅변적으로 변호한다고 생각한다.

샌델은 말한다. "전통과 공동체, 권위를 중요시하는 한국사회에서는 자유주의적 개인주의가 기운을 북돋우는 것이요, 힘을 주는 해방적 이상이요, 진보적 개혁을 위한 유망한 자원이라는 것을 나는 깨달았다."

그는 유교적 전통이 강한 한국사회에서 한국의 철학자들이 자유주의적 개인주의를 옹호하는 것을 충분히 이해할 수 있다는 것이다. 그러나 미국에서 자신의 처지는 이와 반대 관계에 있기 때문에 자신은 공동체주의를 옹호하게 되었다는 것이다.

> "자유주의적 정치철학에 대한 내 자신의 도전은, 자유주의적 개인주의가 너무나 친숙해서, 대부분의 공적 담론에서 지배적인 힘을 가진 전통적인, 그리고 인식하지 못하는 사이에 이루어지는 출발점의 역할을 하게 된 사회에서 형성된 것이었다. 미국의 정치 토론에서 주된 대안은 자유 시장(여컨대 경제학자 밀턴 프리드먼과 자유방임적 철학자 로버트 노직이 주장한), 방임적 자유주의와 그리고 개인의 권리와 좋은 삶에 대한 중립성의 존중을 전제로 한 복지국가에 의해 시장의 힘이 길들여지는(존 롤스에 의해 가장 잘 알려진) 좀 더 평등주의적인 자유주의이다. 이미 과도한 개인주의와 소비주의에 둘러싸인 사회를 배경으로 공동체와 연대 그리고 시민의 참여를 더욱 강하게 강조하는 공공

철학은, 좀 더 민주적인 공적 삶을 위한 최상의 희망인 것 같다."

한국의 자유주의자들은 공동체적이며 위계질서에 충실한 전통과 손잡은 권위와 합리성이 결핍된 관습에 대한 대안으로 개인주의적 자유주의를 옹호하고 있으며, 반대로 샌델은 대단히 유동적이며 시장에 끌려가는 개인주의적 사회에 공동체와 연대라는 자원을 함양하려고 시도한 것이다. 이들이 비판하면서 극복하려는 대상은 다르지만, 각자의 사회에서 '자유롭고 민주적인 삶의 방식'을 방해하는 '마음의 습관'에 도전했다는 점에서 양자는 공통점이 있다.

『정의란 무엇인가』는 샌델이 30년 가까이 하버드 대학에서 정치철학을 가르치면서 '정의'라는 제목으로 행한 강연을 책으로 엮은 것이다. 『정의란 무엇인가』는 대학생을 상대로 한 강의이기 때문에 서양철학, 특히 윤리학의 중요한 사상가들을 교과서적인 지식으로 잘 소개하고 있다. 그렇다고 샌델이 자신의 철학과 무관하게 중립적으로 서양윤리학사를 전달한 것은 아니다. 이 책은 자신의 정치철학적인 입장을 부각시키고 학생들을 설득시키기 위해 고도로 기획하여 재구성한 것이다. 따라서 이 책을 읽은 사람은 샌델의 논리를 따라 자신도 모르는 사이에 그의 정치철학에 동조하게 된다. 물론 서양 윤리학이나 정치철학에 대한 지식을 어느 정도 가지고 있는 사람들은 『정의란 무엇인가』를 비판적으로 읽을 수 있는 선행 지식이 있기 때문에 그의 논리의 한계와 문제를 간파하고 그의 논지에서 벗어날 수 있다. 그러나 그런 사람이 그렇게 많지는 않을 것이다.

샌델의 정의론이나 그가 공리주의나 자유주의를 비판하는 논리에 동의하지 않는 사람들도 그가 학생들과 강의를 진행하는 방식에 대해서는 놀라움을 감추지 않을 것이다. 현실과 밀접한 연관을 가진 사회문제를 많은 학생이 참여한 대단위 강의에서 토론하는 것은 샌델이 가진 탁월한 강의방식 때문에 가능했을 것이다.

제2부 샌델이 공격한 사상들

샌델, 시장에 대한 비판으로 포문을 열다

『정의란 무엇인가』의 제 1장은 "옳은 일 하기(Doing the Right Thing)"란 제목으로 2004년 멕시코 만에서 세력을 확장한 허리케인 찰리가 플로리다를 휩쓴 이야기로 시작한다. 이 태풍은 22명의 목숨을 빼앗아 가고 110억 달러의 손실을 남겼다.

폭풍이 지나가자 폭리가격 논쟁이 일어났다. 올랜도에 있는 어느 주유소에서는 평소 2달러에 판매하던 얼음 한 봉지를 10달러씩 받고 팔았다. 태풍으로 쓰러진 나무 두 그루를 치워주고 2만 3천 달러를 요구한 주택 수리업자도 있었다. 250달러짜리 가정용 소형 발전기를 2천 달러에 파는 가게도 나타났다. 평소 40달러 받던 모텔의 방을 160달러까지 받기도 하였다.

이렇게 가격이 폭등하자 플로리다 주민들은 바가지요금에 분개했다. '폭풍 뒤에 찾아온 약탈자들'이라는 문구가 신문의 헤드라인을 장식했다. 지붕 위에 쓰러진 나무를 치우는 데 1만5천 달러를 지불한 어느 주민은 "다른 사람의 어렵고 불행한 처지를 이용해 한몫을 챙기려는 행동은 옳지 않다"고 분통을 터뜨렸다. 남의 고통을 이용해서 이익을 챙기는 행위는 옳지 않은 행위로 인식되었다.

플로리다주에는 폭리가격을 처벌하는 법이 있었기 때문에 허리케인이 지나간 뒤 주 법무장관실에는 2천 건이 넘는 신고가 접수되었다. 일부는 승소 판결을 받았으며, 평소보다 비싼 숙박료를 받았던 업소는 7만 달러를 투숙객들에게 돌려주어야 했다.

상황이 이렇게 되자 일부 경제학자들은 폭리가격방지법과 대중들의 분노가 오해에서 비롯된 것이라고 주장하기 시작했다. 폭리가격방지법이나 시민들의 분노를 자극한 것은 '공정가격'인데 실제로 '공정가격'은 존재할 수 없다는 것이다. 시장에서 가격은 수요와 공급에 의해 결정되는 것이지 공정가격에 따라 거래가 이루어지는 것은 아니라고 믿었기 때문이다.

사람들이 공정가격을 논의한 역사는 깊다. 유스티아누스 황제의 로마법전에 처음 등장한 공정가격은 중세 철학자 토마스 아퀴나스의 '신학 대전(神學大典)'에서 자세하게 논의되었다. 아퀴나스는 공정가격에 입각하지 않은 거래를 부당한 거래로 규정하고 사회악(社會惡)으로 분류하였다. 아퀴나스는 자연재해를 당해 물자가 부족한 상황을 상인이 이용하면 안 된다고 했다. 우리나라 고전소설 『허생전(許生傳)』에서도 공정가격에서 벗어난 폭리가격을 처벌해야 한다는 이야기가 나온다.

오늘날에도 많은 사람들은 공정가격을 믿는다. 심지어 공정무역을 표방하는 사람들도 있다. 이에 대해 자유 시장경제를 지지하는 경제학자 토머스 소웰(Thomas Sowell. 1930~)은 폭리가격이라는 표현은 "감정적으로는 중요하겠지만 경제학적으로는 무의미한 표현이기 때문에 대부분의 경제학자들은 혼란스럽다는 이유로 관심을 기울이지 않는다."고 말했다. "폭리가격을 비난하는 사람들은 사람들에게 익숙한 가격 수준보다 현저히 가격이 높아질 때 생겨난다."고 말하면서, '사람들에게 익숙해진 가격 수준'이라고 해서 도덕적으로 신성불가침이 아니라고 주장했다. 그의 주장에 따르면, 다양한 시장 상황에서 가격이 형성되며, 허리케인이 지나간 상황에서 형성된 가격이라도 예외일 수 없다는 것이다. 한때 비싼 가격이 형성되어도 그것을 폭리가격이라고 볼 수 없다는 주장이다.

뿐만 아니라 특정 물품의 가격이 올라가면 공급이 증가하며, 이것이 소비자에게 도움이 된다고 덧붙였다. 친 시장경제 평론가인 제프 저코비(Jeff Jacoby)는 "시장에서 형성된 가격은 폭리가 아니다. 탐욕스럽거나 뻔뻔스러운 행동도 아니다. 자유사회에서 재화와 용역이 분배되는 방식일 뿐이다."라고 주장함으로써 수요와 공급의 원리에 따른 시장가격을 옹호했다. 겉으로 보면 지나쳐 보이는 가격이 소비자들에게는 "해가 되기보다는 득이 된다."고 했다. 소비자들에게 필요한 물건을 더 많이 생산하도록 공급자들에게 동기를 부여하기 때문이라는 것이다.

이에 대해 주 법무장관 크리스트는 "허리케인으로 인한 비상시기에 생존을 위해 대피하고 가족을 위해 기본 생활필수품을 구하러 다니는 주민들을 상대로 불공정한 가격을 청구하는 상인들을 정부는 그저 구경만 하고 있을 수는 없다."라고 하면서 위기 시에 시장에서 형성된 불공정한 가격은 자유로운 교환의 결과라는 입장에 반대를 표명하면서 다음과 같이 말했다.

> "현재는 자발적 구매자들이 자유롭게 시장에 들어가서 자발적인 판매자를 만나고, 가격이 수요와 공급에 따라 결정되는 정상적인 자유시장 상황이 아니다. 비상상황에서 압력을 받는 구매자들에게 자유는 없다. 안전한 숙소와 같은 생필품의 구매는 강제되고 있다."

샌델은 허리케인이 지나간 뒤에 형성된 폭리가격 논쟁을 소개하면서 이 논쟁은 사람들에게 도덕과 법에 관한 어려운 질문을 제기하였다고 하였다. 재화와 용역을 제공하는 사람이 자연재해를 당한 사람들을 상대로 높은 가격을 불러 불가피하게 그것을 구입하는 사람이 있다면, 자연재해 중이라도 가격을 높이는 것이 잘못일까? 폭리가격에 대해 법은 어떤 역할을 해야 하는가? 구매자와 판매자의 자유로운 거래를 침해하면서 주 정부는 폭리가격을 법으로 금지해야 할까? 하고 묻는다.

샌델은 처음부터 자연재해를 당한 플로리다주에서 일어난 폭리가격 논쟁을 끌어들임으로써 시장에 문제가 있다는 인식을 심는다. 그는 폭리가격은 없다고 주장하는 경제학자들 앞에 꼭 '자유시장경제를 지지하는 경제학자', '친시장 평론가'라는 수식어를 붙임으로써 '공정가격'을 인정하지 않는 사람들을 자유시장론자로 규정했다. 공정가격에 마음이 쏠린 사람들은 당연히 시장에는 문제가 있다는 생각을 갖게 된다. 시장은 불공정 가격을 용인하기 때문이다. 물론 시장론자들은 '불공정 가격'은 없고 자유시장에서 형성된 가격은 모두

'공정가격'이라고 믿기 때문에, 사기나 속임이 없는 자유시장에서 폭리가격 논쟁은 제기될 수 없다.

그럼에도 불구하고 샌델은 '공정', '폭리'와 같은 개념을 가격에 갖다 붙이고, 폭리가격방지법을 소개함으로써 시장 영역에 속하는 가격을 '법과 도덕'의 관점에서 보려고 한다. 시장은 그것보다 높은 '법과 도덕'의 감시와 통제를 받아야 한다는 암시를 주고 있는 것이다. 시장이 법과 도덕의 통제 아래 놓여야 한다면 정부가 가격을 통제하는 것은 정당하게 된다.

샌델은 허리케인으로 인한 자연재해라는 예외적인 상황에서 형성된 시장가격을 폭리가격과 연결시킴으로써 시장에 대한 부정적인 인식을 확산시키려고 한다. 보통 사람들은 샌델이 소개한 폭리가격을 조장한 사람들의 이야기를 들으면 우선 분노한다. 이렇게 비정상적인 상황에서 서로 돕고 사는 것이 사람들이 가져야 할 기본 태도임에도 불구하고 남의 불행을 기회로 삼아 돈을 버는 행위는 도덕적으로 용인할 수 없을 뿐만 아니라 이런 악덕업자는 법으로 다스려야 한다는 것이 일반시민들의 정서이다.

샌델은 이런 일반시민들의 정서에 호소하여 시장가격의 도덕적 부당성을 암암리에 선전하고 있는 것이다. 그러나 조금 더 깊이 생각해 보면, 그의 주장은 터무니없다는 것을 알게 된다. 우선 시장가격이 아니라 공정가격이 존재한다고 하더라도 누가 그것을 정할 것인가? 여기에 대한 대답은 정부다. 정부가 공정가격을 정하고 그것을 시장가격으로 대체해야 한다. 즉, 정부가 가격을 통제해야 한다는 것이다.

정부의 가격통제는 우리 주변에서도 얼마든지 볼 수 있다. 정부는 여러 가지 명분으로 국민의 기본생활과 관련된 사항의 요금을 통제한다. 이것이 초래하는 결과는 무엇인가? 상당부분은 국민의 세금으로 보조금을 준다. 그렇지 않으면 가격통제 때문에 서비스의 질이 떨어진다. 따라서 공정가격은 불가피하게 시장에 정부를 끌어들여 시장을 왜곡시키고, 장기적으로 시민들의 경제적 후생을 떨어뜨린다.

우리는 샌델의 주장에 대해 다음과 같은 의문을 제기할 수 있다. 허리케인이 지나간 재해지역에서 시장가격에 따라 거래가 이루어지지 않았다면 어떻게 부족한 재화가 분배될 수 있었겠는가? 재화는 부족하고 원하는 사람이 많다면, 선착순으로 분배되어야 하는가? 아니면 친분이 있는 사람에게 먼저 분배해야 하는가? 이 상황에서 샌델이 말하는 미덕을 발휘한다는 것은 무엇인가? 그리고 시민들이 미덕을 발휘하지 않을 때 어떻게 해야 하는가?

이 물음들에 대한 대답은 자명해 보인다. 이웃들이 어려운 상황에 처했을 때 시민들이 미덕을 발휘하여 그들을 돕지 않고 오히려 돈벌이의 기회로 삼는다면 그들이 그렇게 하지 못하도록 강제해야 한다. 그렇게 할 수 있는 방법은 법을 동원하는 것이다. 곧 국가가 개입하는 것이다. 이렇게 하여 개인의 도덕적 덕성에 속한 미덕을 법으로 강제하는 것이다. 곧 도덕의 입법화(立法化)이다. 이런 방식은 결국 전체주의 사회로 들어가는 미끄럼틀이 될 것이다.

샌델, 새로운 정의론을 꿈꾸다

샌델은 공정가격이나 폭리가격방지법의 문제는 개인과 개인 사이의 문제가 아니라고 주장한다. 이것은 정의의 문제로서 법은 어떤 역할을 해야 하며, 사회는 어떻게 조직되어야 하는가를 묻는 문제라는 것이다. 정의를 실현하려면 국가가 개입해야 한다. 샌델은 폭리가격방지법의 찬반 논쟁에는 복지(welfare), 자유(freedom), 미덕(virtue)과 같은 것이 개입된다고 설명한다. 이것은 복지를 극대화하는 것이 중요한지, 자유를 존중하는 것이 중요한지, 미덕을 추구하는 것이 더 중요한지에 대한 논쟁이며, 정의는 이 세 가지 가치와 관련이 있다는 것이다. 공정가격과 폭리가격방지법을 다루면서 샌델은 정의에 대한 3가지 입장을 소개한다.

시장 논리를 앞세우는 사람들은 복지와 자유를 중시한다. 첫째, 그들은 시장은 사람들이 원하는 것들이 공급될 수 있도록 공급자에게 동기를 부여함으로써 사회 전체의 복지를 증진시킨다고 주장한다. 여기에서 말하는 복지는 사회의 안녕이라는 넓은 측면의 비경제적 요소도 포함하고 있지만 일반적으로 경제적 번영을 의미한다. 둘째, 시장은 개인의 자유를 존중하기 때문에 재화나 용역에 특정 가치를 강제로 부여하지 않고 사람들이 스스로 자신이 원하는 것에 값을 매겨 교환하도록 해야 한다는 것이다.

반면에 폭리가격방지법에 찬성하는 사람들은 어려운 시기에 과도

한 가격 인상은 전체의 복지를 늘리는 데 기여하지 못한다고 주장한다. 가격이 상승하면 공급은 늘겠지만, 이것에서 발생하는 복지는 그 가격을 감당할 수 없는 사람들이 당하는 고통을 능가할 수 없다는 것이다. 우리가 복지 총량을 측정할 때에는 가격 폭등으로 생활필수품을 구매하지 못하는 사람들의 고통을 포함시켜야 한다는 것이다.

둘째, 폭리가격방지법에 찬성하는 사람들은 자유시장에서 사람들이 항상 자유로운 것은 아니라고 주장한다. 강요받는 구매자에게 자유는 없으며, 비상상황에서의 교환은 결코 자발적 교환이 아니라는 것이다. 허리케인을 피해 가족과 함께 대피하면서 자동차 기름이나 잠자리를 터무니없이 비싼 가격에 사야 한다면 그것은 자유거래가 아니라 강탈에 가깝다는 것이다. 따라서 폭리가격방지법의 정당성을 판단하기 위해서는 복지나 자유가 진정으로 무엇인가를 따져보아야 한다는 것이다.

샌델은 세 번째 입장으로 폭리가격방지법을 둘러싼 논란은 단순히 복지와 자유에 관한 논란이 아니라 미덕에 관한, 좋은 사회의 기반이 되는 태도와 성품, 인격과 관련된 논란이라는 사실을 강조한다. 샌델은 이렇게 주장함으로써 자신의 입장을 복지와 자유를 주장하는 사람들과 차별화한다. 샌델은 미덕을 앞세우는 사람들은 미덕이라는 가치를 앞세우기 때문에 복지와 자유를 주장하는 사람들과 질적으로 차이가 나는 입장이라고 생각한다.

복지와 자유를 앞세우는 사람들은 사람들이 가지고 있는 '선호'가 좋은 것인지 나쁜 것인지를 판단하지 않는다. 어떤 정책이 복지와 자유를 증대시키는 정책인가를 물을 뿐 그것의 기초가 되는 것에 대해서는 의문을 제기하지 않는다는 것이다. 복지를 앞세우는 사람들은 누구나 적은 수입보다 많은 수입을 선호한다고 가정할 뿐 그 돈을 어떻게 쓰는가에 대해서는 심판하지 않는다. 샌델에 따르면, 자유를 앞세우는 사람들은 선택의 상황에서 사람들이 정말로 선택할 자유를 가지고 선택했는가는 묻지 않는다는 것이다. 곧 선택을 평가하지는 않는다는 것이다. 이와 달리 미덕을 강조하는 논변은 탐욕은 악덕이며 정부가 나서서 탐욕을 억제해야 한다고 믿는다.

그렇지만 무엇이 미덕이고 무엇이 악덕인지를 누가 판단해야 하는가? 다원화된 시민사회에서 시민은 이런 판단에 반대하지 않는가? 샌델은 지금 많은 사람들이 미덕을 법으로 강제해서는 안 된다고 생각하는 이유를 현재 미국의 정치가 자유주의에 몰입되어 있다는 사실에서 찾는다. 국가 차원에서 선한 태도를 육성하려고 해서는 안 된다고 주장하는 미국사회에 널리 퍼진 자유주의 국가관의 반영이라는 것이다.

폭리가격방지법과 관련하여 정의에 대한 3가지 입장을 소개한 다음 샌델은 '정의'를 다음과 같은 문제로 규정한다.

> "어떤 사회가 정의로운지 아닌지를 묻는 것은 그 사회가 소득과 부, 의무와 권리, 권력과 기회, 공직과 명예와 같이 우리가 소중히 여기는 것들을 어떻게 분배하는지를 묻는 것이다. 정의로운 사회는 이러한 것들을 옳은 방식으로 분배한다. 곧 정의로운 사회는 각자에게 그의 응분의 몫에 맞게 분배한다. 우리가 사람들의 응분의 몫이 무엇이고, 왜 그러한 응분을 갖는가를 물을 때에는 어려운 질문이 시작된다."

샌델은 폭리가격방지법, 상이군인 훈장과 구제금융을 둘러싼 논란을 소개하면서 재화를 분배하는 3가지 방식, 곧 복지, 자유, 미덕을 소개했다. 복지의 극대화를 목적으로 삼는 공리주의, 자유의 존중을 목적으로 삼는 자유주의, 미덕의 배양을 목적으로 삼는 공동체주의는 현대 정치철학에서 논의되고 있는 중요한 3가지 정의론이다.

샌델은 『정의란 무엇인가』에서 3가지 이론을 소개하면서 각 이론의 강점과 약점을 고찰하였다. 그는 공리주의와 자유주의의 문제점과 한계를 비판하면서 그 대안으로 자신의 공동체주의를 옹호하였다.

우선 샌델은 공리주의(功利主義)를 설명한다. 공리주의는 복지를 극대화시키는 것이 정의라고 주장한다. 우리는 우리가 살고 있는 시장사회(market society)를 자연스러운 출발점으로 삼는다. 오늘날 정치 논쟁의 대부분은 경제에 초점이 맞추어져 있다. 어떻게 하면 생활수준을 높일 수 있는지, 어떻게 하면 경제성장을 촉진할 수 있는지에 초점이 맞추어져 있다.

왜 우리 모두는 경제적 번영에 초점을 맞추고 있을까? 우리는 개인적인 차원이나 사회적인 차원에서 경제적 번영이 그렇지 않을 때보다 우리에게 더 좋은 삶을 가능하게 한다고 믿기 때문이다. 경제적 번영을 문제 삼는 이유는 그것이 복지에 기여한다고 믿기 때문이다. 이러한 생각을 철학적으로 체계화시킨 것이 바로 공리주의이다. 공리주의는 어떻게, 그리고 왜, 우리가 복지를 극대화시킬 수 있는가, 또는 최대 다수의 최대 행복을 추구할 수 있는가를 탐구하는 가장 영향력 있는 이론이다.

두 번째로 샌델이 검토하는 정의론은 정의를 자유와 연관시키는 자유주의(自由主義)이다. 여러 갈래의 자유주의가 있지만, 자유주의는 공통적으로 개인의 권리 존중을 중시한다.

샌델은 자유와 개인의 권리를 존중하는 것이 정의라는 생각은 복지 극대화를 강조하는 공리주의만큼이나 오늘날 정치에서 익숙하다고 말한다. 미국의 '권리장전(權利章典)'에는 다수의 힘으로도 침해할 수 없는 표현의 자유와 종교의 자유가 명시되어 있다. 정의는 보편적 인권을 존중하는 것이라는 견해는 갈수록 힘을 얻고 있다는 것이다. 샌델은 이러한 사실을 인정함으로써 공리주의와 자유주의가 주류 정치철학임을 인정하고 있다.

자유를 중심으로 정의를 규정하는 철학이론에는 여러 유파가 있다. 샌델은 우리 시대의 가장 치열한 논쟁은 경쟁적인 두 이론 사이에서 발생한다고 말한다. 경쟁적인 두 이론이란 레세 페르(laissez-faire) 진영과 페어니스(fairness) 진영이다. 오늘날 레세 페르 진영을 이끄는 철학자들은 자유-시장 자유지선주의자들(free-market libertarians)이다. 이들은 정의는 성인들의 합의에 의한 자발적 선택을 존중하고 지지하는 것이라고 믿는다. 페어니스 진영은 평등을 옹호하는 이론가들로 구성되어 있다. 이들은 규제 없는 시장은 공정하지도 자유롭지도 않다고 주장한다. 이들의 주장에 따르면, 정의는 사회적으로 경제적으로 불리한 상황을 바로잡아 주는 정책을 요구하고 모든 사람에게 성공의 기회를 공정하게 부여하는 것이다.

샌델은 마지막으로 자신이 옹호하는 정의론을 고찰하면서 정당화를 제시한다. 그가 지지하는 정의론은 정의가 미덕(virtue)과 좋은 삶(good life)과 결합되어 있다고 본다. 샌델은 현대정치에서 주류인 공리주의와 자유주의를 넘어서서 공동체주의를 구체적인 상황에 적용하여 도덕적·정치적 문제에서 공동체주의를 부각시키려고 한다. 그는 도덕적 추론의 특성을 보여주기 위해 가상의 이야기뿐만 아니라 실제 이야기가 담긴 상황에서 도덕적 딜레마를 찾아 소개하면서 공리주의와 자유주의의 정의론을 비판하고 자신의 공동체주의적 정의론을 옹호한다.

샌델은 자신의 공동체주의적 정의론을 뒷받침하기 위해 현대 사회에서 결정적인 영향력을 행사하고 있는 공리주의와 자유주의를 비판한다. 공리주의는 현대 경제이론을 정당화하는 논리이기도 하다. '비용-편익 분석'과 경제이론은 공리주의에서 나온 것이다. 샌델은 벤덤과 밀의 공리주의를 비판하고 자유주의로 옮겨간다.

샌델은 자유주의를 넓은 의미로 이해한다. 그가 말하는 자유주의에는 칸트, 롤스, 노직의 이론이 포함된다. 롤스와 노직은 복지국가와 재분배 정책에서 서로 상반되는 입장을 견지하고 있지만 샌델은 이들을 자유주의 전통에 포함시켜 비판한다. 복지정책에 대해 서로 반대되는 입장을 견지하고 있는 롤스와 노직은 샌델이 말하는 자유주의의 잘못된 가정인 '무연고적 자아'와 '국가의 중립성'이라는 잘못된 자아관과 국가관을 공통으로 전제하고 있기 때문이다.

샌델의 공리주의 비판

샌델은 『정의란 무엇인가』에서 여러 사례를 제시하며 공리주의의 문제점을 지적한다. 공리주의는 제러미 벤담(Jeremy Bentham,

1748~1832)이 주창하고 존 스튜어트 밀(John Stuart Mill, 1806~1873)이 더 발전시킨 윤리설이다. 공리주의는 당시에 큰 영향을 미쳤다. 오늘날에도 경제학자, 경영자, 일반시민들에게 막강한 영향력을 행사하고 있다는 사실을 샌델도 인정하고 있다.

영국의 도덕철학자이자 법 개혁가인 제러미 벤담이 만든 공리주의 원칙은 간결하다. 공리주의에 따르면, 도덕의 최고 원칙은 행복을 극대화시키는 것이다. 행복의 극대화는 쾌락의 총량이 고통의 총량보다 많게 하는 것이다. 벤담은 '공리(utility)'를 극대화하는 행위는 모두 옳은 행위라고 말한다. 그가 말하는 '공리'란 쾌락이나 행복을 초래하고 고통이나 불행을 막는 모든 것을 의미한다.

벤담은 우리는 누구나 고통과 쾌락의 감정에 지배된다는 전제에서 공리주의의 원칙을 이끌어 내었다. 감정이 우리의 통치권자이고, 감정이 우리의 모든 행위를 지배할 뿐만 아니라 우리가 무엇을 해야 하는가도 결정한다. 옳고 그름의 기준은 고통과 쾌락의 감정에 달렸다. 인간이면 누구나 쾌락을 좋아하고 고통을 싫어한다. 공리주의는 이러한 사실을 도덕적·정치적 삶의 근간으로 삼았다. 공리극대화의 원칙은 개인적 차원에서뿐만 아니라 입법적 차원에도 적용된다. 어떤 법이나 정책을 집행할 것인가를 결정할 때, 정부는 공동체 전체의 행복을 극대화하는 정책을 선택해야 한다.

벤덤은 공리의 원칙이 정치 개혁의 근간이 되는 원리를 제시할 수 있다고 믿었다. 그는 형벌 정책을 더 효과적이고 인도적으로 개선할 수 있는 방안을 몇 가지 제안하였다. 그 가운데 하나가 파놉티콘(panopticon)이라 이름 붙인 원형 교도소이다. 교도관은 중앙에 있는 감시탑에서 재소자들을 관찰할 수 있지만, 재소자는 교도관을 볼 수 없게 만든 수형 시설이다. 벤덤은 또 민간 교도소를 제안하고 교도소 운영기금과 이익을 죄수들의 노동을 통해 얻을 수 있도록 하였다. 당시 벤덤의 제안은 거절되었지만, 후에 교도소 운영을 민간에게 위탁하는 법을 채택한 나라도 있었다. 벤덤은 가난한 사람들이 스스로 돈을 마련하는 구빈원을 설립하여 '극빈자 관리'를 개선하자는 제안도 하였다.

이러한 공리주의에 대한 샌델의 비판의 핵심은 두 가지이다. 하나는 공리주의는 개인의 권리를 침해한다는 것과, 다른 하나는 가치를 단일 통화로만 측정한다는 것이다. 공리주의의 최대 약점은 개인의 권리를 존중하지 않는다는 것이다. 공리주의는 오직 공리의 총합에만 집중하기 때문에 개인을 짓밟을 수도 있다. 공리주의자들에게도 개인은 중요하지만, 단지 모든 사람의 선호를 계산할 때 공리를 더하는 경우에만 중요성을 인정받는다. 그러나 공리주의의 원칙을 일관되게 적용하면 인간에 대한 예의와 존중을 전혀 인정하지 않는 행위도 정당화될 수 있다.

샌델은 공리주의의 원리를 일관되게 적용할 때 발생하는 문제를 부각시키기 위하여 고대 로마에서 실제로 있었던 일을 소개하고 있다. 고대 로마에서는 군중에게 즐거움을 주기 위해 원형 경기장에 사자를 풀어놓고 그곳에 기독교도들을 몰아넣었다. 기독교인들은 사자에게 물어뜯기고 잡아먹히면서 극심한 고통을 당했지만, 시민들은 이 광경을 보고 환호성을 지르면서 집단적 황홀경에 빠졌다. 샌델은 로마 시민들이 느끼는 쾌감이 기독교도들이 느끼는 고통을 능가한다면 공리주의자는 어떤 근거로 이것을 비난할 수 있는가라고 묻는다.

물론 공리주의자들은 공리주의의 원리를 적용하여 이 비판에 대응할 수 있다. 그 같은 게임으로 인해 사람들이 거칠어져서 폭력이 더 많아지거나, 앞으로 언젠가 사자에게 던져질지도 모른다는 공포가 사람들에게 확산되어 전체 공리가 줄어들 수 있음을 지적하는 것이다. 그러나 샌델은 기독교인들을 잔인한 죽음으로 내모는 행위를 계산에 근거하여 금지한다면, 도덕적으로 중요한 무엇인가를 놓치는 것이라고 말한다.

샌델은 계속해서 테러 용의자를 심문하는 것의 정당화 문제, 단편소설인 "오멜라스를 떠나는 사람들"의 행복한 도시 이야기를 소개하면서 공리주의에 대한 자신의 첫 번째 비판을 강화한다. 인간의 기본권을 존중하는 사람들은 전체 사회가 아무리 행복해진다고 할지라도 인권을 침해하는 행위는 잘못이라고 믿기 때문에 벤담의 공리주의는 정당화될 수 없다고 단정한다.

샌델이 지적한 공리주의의 두 번째 문제점은 모든 가치를 한 가지 기준으로 측정한다는 것이다. 공리주의는 행복의 측정, 합산, 계산을 기초로, 사람들의 기호를 심판하지 않고 다만 그 무게만 잰다. 모든 사람의 기호는 동등하게 계산된다. 사적 판단을 배제함으로써 도덕적 선택을 과학으로 만들어 주었다고 생각하여 오늘날 경제논리에 상당한 영향을 미쳤다. 사람들의 기호를 더하기 위해서는 통일된 측정 단위가 필요함을 깨닫고 벤덤은 통일된 단위를 제시했다.

샌델은 모든 도덕적 행위를 통일된 단위로 바꾸는 과정에서 잃어버리는 것이 무엇인가라고 묻는다. 모든 가치는 공통된 하나의 단위로 평가될 수 없기 때문에 도덕적 문제가 제기된다는 것이다. 샌델은 공리주의의 논리를 적용한 비용·편익 분석을 예로 들어 공리주의를 비판한다. 비용·편익 분석은 오늘날 정부와 기업에서 널리 이용되고 있는 의사결정 방법이지만, 이 방법은 심각한 결함을 안고 있다는 것이다. 이 방법은 사회문제 해결을 위한 합리적이고 엄밀한 선택을 목적으로 모든 비용과 이익을 돈으로 환산해서 비교하는데 이것에는 심각한 문제점이 내포되어 있다는 것이다.

샌델은 체코에서 있었던 필립모리스사가 제시한 '폐암의 이익'에 대한 사례를 소개한다. 이 담배회사는 체코에서 활발하게 사업을 하고 있다. 최근 체코 정부는 흡연으로 인한 의료비 증가를 우려하여 담배세를 높이는 방안을 검토했다. 이에 필립모리스사는 세금 인상을 막기 위해, 흡연이 체코 국가 예산에 미치는 효과를 알기 위해 비용·편익 분석을 시도했다. 이 분석을 통하여 체코 정부가 흡연으로 잃는 돈보다 얻는 돈이 더 많다는 것을 밝혔다.

분석의 결과는 다음과 같다. 흡연자들은 비흡연자와 비교하여 상대적으로 일찍 죽기 때문에 노년층을 위한 의료, 연금, 주거 부분에서 예산지출이 줄어든다. 이 분석에 따르면, 담배 판매를 통해 얻는 조세수입, 흡연자의 조기 사망으로 인한 예산절감 등 흡연의 긍정적인 효과를 모두 계산하면, 정부 예산은 연간 1억 4,700만 달러 순수익을 거둔다.

담배회사의 이런 분석에 대해 사람들은 크게 분노했다. 어느 금연운동 단체는 시체 보관소에 놓인 시체의 발가락에 1,227달러라고 쓴 꼬리표를 붙이고 사진을 찍어 신문 광고란에 실었다. 1,227달러는 흡연으로 인한 사망자 한 사람이 정부에게 안겨주는 이득이었다. 필립모리스사는 거센 반발에 직면하여, 최고 경영자가 "인간의 기본 가치를 용납할 수 없을 정도로 완전히 무시했다."고 사과했다.

공리주의 비판가들은 필립모리스사의 흡연 연구가 비용·편익 분석 그리고 이 분석의 기초가 된 공리주의 사고방식의 부도덕성을 잘 보여준다고 주장한다. 폐암으로 인한 사람들의 죽음을 국가예산 절감의 기회로 이용하는 것은 존엄성을 가진 인명을 철저하게 경시하는 것이다. 도덕적으로 정당화될 수 있는 흡연 정책은 금전적인 면뿐만 아니라 공중보건과 인간의 행복에 그것이 미치는 영향도 함께 고려해야 한다는 것이다.

흡연에 대한 비용·편익 분석은 흡연자의 고통, 슬픔에 빠진 가족, 생명의 손실처럼 흡연과 이로 인한 보다 광범위한 결과들과의 관련성을 고려하지 않는다. 결국 벤덤의 공리주의는 인간의 생명을 비롯하여 우리가 중요하게 여기는 다양한 가치들을 하나의 기준으로만 측정한다. 샌델은 '모든 가치가 돈으로 환산될 수 있는가?'라고 물으면서 공리주의에 기초한 비용·편익 분석은 사람의 목숨까지도 돈으로 환산한다고 비판하였다.

샌델은 비판의 설득력을 높이기 위해 폭발하는 연료 탱크, 노인의 목숨 값 계산 등 다양한 예를 제시하였다.

샌델의 공리주의 비판은 샌델 자신이 발견한 것은 아니다. 근대에 새로운 윤리학으로 등장한 공리주의는 개인의 행위뿐만 아니라 사회제도를 평가하는 기준으로 영향력을 행사해 왔다. 공리주의는 욕구충족을 원하는 근대의 새로운 인간에 부응하여 나온 윤리이론이다. 공리주의는 근대의 특성과 잘 맞아 많은 사람의 지지를 얻었지만 끊임없이 비판을 받아왔다. 그 과정에서 공리주의는 지지자들에 의해 재해석되면서 아직까지 살아남았다.

자유주의자들은 공리주의를 그대로 받아들이지 않는다. 개인의 권리를 중시하는 자유주의의 기본 입장이 공리의 원리에 의해 부정될 수 있기 때문이다. 평등주의적 자유주의를 지지하는 롤스도 『정의론』에서 공리주의를 철저하게 비판했다. 그럼에도 불구하고 현대사회에서 공리주의의 영향력은 여전하다. 한 이론이 몇 가지 문제점을 가지고 있다고 해서 버려지는 것은 아니기 때문이다. 그것을 능가할 수 있는 장점이 많으면 그 이론은 여전히 살아남는다.

노직의 자유 시장의 철학

샌델은 노벨경제학 수상자인 하이에크나 프리드먼의 자유주의 경제철학을 본격적으로 다루지는 않고 대신에 노직의 자유지선주의(自由至善主義)사상을 검토한다.

노직은 샌델과 같이 하버드 대학의 교수였다. 샌델은 정치학과 교수로, 노직은 철학과 교수로 재직했지만, 서로 알고 지낸 사이였다. 노직은 롤스의 『정의론』에 대한 비판서 『아나키, 국가 그리고 유토피아』(1974)란 책에서 자유지선주의의 원칙을 철학적으로 옹호함으로써 명성을 얻었다.

노직은 『아나키, 국가 그리고 유토피아』에서 자유지선주의의 원칙을 철학적으로 옹호하며, 많은 사람들이 상식적으로 받아들이고 있던 분배의 정의에 대해 이의를 제기했다. 그는 “개인에게 아주 강력하고 광범위한 권리가 있어서, 국가가 할 일이 조금이라도 있다면 그것이 무엇인지 의문이다."라는 주장으로 이 책을 시작한다. 그는 "오직 계약의 이행을 강제하고, 사람들을 폭력과 절도와 사기에서 보호하는 제한적인 기능만을 수행하는 최소 국가만이 정당화될 수 있다. 이보다 조금이라도 더 많은 일을 한다면, 어떤 일도 강요받지 않을 개인의 권리를 침해할 수밖에 없으며, 그런 국가는 정당화될 수 없다."라고 말한다.

어느 누구도 다른 사람을 돕는 행위를 타인에게 강요해서도 안 되고 강요받아서도 안 된다. 국가가 부자에게 세금을 거두어 그 돈으로 가난한 사람들을 돕는 것은 국가가 부자에게 가난한 사람들을 돕도록 강제하는 것이다. 이것은 그들이 자신의 소유물을 자신의 의지에 따라 마음대로 사용할 수 있는 권리를 침해하는 것이다.

샌델은 노직의 원칙에 따라 경제적 불평등을 자유지선주의자들이 어떻게 보는지를 소개한다. 자유지선주의자들에 따르면, 미국의 400대 부자가 엄청나게 많은 재산을 가지고 있고, 어떤 사람이 한 푼도 가지고 있지 않은 현실을 두고 정의롭지 않다고 할 수는 없다. 노직은 정의로운 분배에 특정의 유형이 있다는 생각에 반대한다. 노직은 동등한 소득, 동등한 공리(utility), 생활필수품의 동등한 공급과 같이 특정 유형에 따라 재화가 분배되어야 한다는 주장에 반대한다. 중요한 것은 지금까지 어떻게 분배가 이루어져 왔는가 하는 것이다.

노직은 자유시장에서 사람들의 선택을 존중하여 그것을 해치는 유형화된 정의론을 거부한다. 그는 정의로운 분배가 되기 위해서는 두 가지 조건이 충족되어야 한다고 말한다. 초기 소유물이 정의로운 방법으로 획득되어야 하고, 정의로운 방법으로 소유물이 이전되어야 한다는 것이다.

첫 번째 조건은 원초적으로 무엇인가를 취득할 때 그것이 정당한 방법으로 취득되었는지의 여부를 묻는 것이다. 훔친 물건을 팔아 돈을 벌었다면 그 돈이나 그 돈의 수익에 대해 정당한 자격이 없다.

두 번째 조건은 당신이 번 돈이 시장에서 자유로운 교환이나 다른 사람들이 자발적으로 내준 선물에 의한 것인지 아닌지를 묻는 것이다. 정당한 교환에 근거했거나 상대방의 자발적 의지에 의해 그 사람의 것을 양도받았다면 지금 자신이 소유하고 있는 것에 대해 정당한 권리를 가진다.

만약 이 두 가지 경우에 해당되지 않는다면, 현재 당신은 당신이 가진 것에 대해 정당한 소유 권리가 없다. 그렇지 않고 만약 정당한 소유 권리가 있다면 국가는 당신의 동의 없이 그것을 빼앗을 수 없다. 부당하게 얻은 자원으로 시작하지 않는 한, 자유시장을 통해 이루어진 분배는 그것 자체로서 정의롭다. 국가에게는 당신의 소유물에 대해 국가가 정한 원칙으로 정의를 판단하여 당신의 소유물을 가져갈 권리는 없다.

물론, 샌델이 지적하고 있듯이, 노직은 현재의 소유물을 가능하게 한 원초적 취득의 정당성을 현재 판단하는 것이 어렵다는 것을 인정한다. 어떤 사람이 현재 가지고 있는 부(富)가 몇 세대에 걸쳐 이루어진 것이라면 현재 시점에서 어떻게 오래 전에 절도나 폭력, 사기와 같이 부당한 방법에 의해 이루어졌는지 그렇지 않은지를 판단할 수 있겠는가?

물론 노직은 현재의 부가 부당한 방법으로 취득되었다는 것이 밝혀진다면 그것을 바로잡을 수 있다고 생각했다. 미국의 어떤 부자가 과거 흑인을 노예로 삼거나 아메리카 원주민의 소유를 빼앗아 지금의 부를 축적하였다면, 노직은 지금 그것을 바로잡을 수 있다고 생각했다. 하지만 노직은 그렇게 하는 것은 과거의 잘못을 바로잡기 위한 것이지 지금 여기에서 더 큰 평등을 실현하기 위해 그렇게 하는 것은 아니라는 사실을 아는 것은 중요하다고 주장했다.

샌델은 노직이 자신의 반(反)평등주의를 설명하기 위하여 제시한 미국의 위대한 농구선수 윌트 체임벌린을 이용한 가상의 예를 가져와 노직의 자유지선주의를 설명한다. 체임벌린은 1970년대에 한 시즌에 무려 20만 달러를 받았다. 샌델은 현실감을 더하기 위하여 오늘날 농구 스타인 마이클 조던의 예를 들어 노직의 자유주의 철학을 설명한다. 조던이 시카고 불스에서 뛰던 마지막 해에 받은 대전료의 총수입은 3,100만 달러였다. 이때 조던이 한 경기에서 받은 돈은 체임벌린이 한 시즌에 받은 액수보다 많았다. 노직이 『아나키, 국가 그리고 유토피아』를 쓸 당시 스타 농구선수가 체임벌린이었다면, 샌델이 『정의란 무엇인가』를 쓸 당시의 농구 스타는 마이클 조던이었던 것이다.

세금은 강제노동

노직은 소유물의 원초적 취득에 대한 정당성은 접어두고, 당신이 공정하다고 생각하는 분배방식에 따라 소득과 부의 재분배를 시행한다고 가정해 보라고 한다. 농구 시즌이 시작되고 마이클 조던의 플레이를 보고 싶은 사람은 표를 살 때마다 상자에 5달러를 넣는다. 상자에 모인 돈은 조던에게 전달된다.

조던의 경기를 보고 싶어 하는 사람이 많아서 좌석도 많이 팔리고 상자에 돈이 가득 찼다. 시즌이 끝나면 조던은 다른 보통 선수들보다 훨씬 많은 3,100만 달러를 받는다. 조던이 많이 받고 다른 선수들이 적게 받는 초기의 배분 방식을 당신은 공정하게 생각하지 않을 수도 있다. 하지만 이 분배방식은 자발적인 선택에 따른 결과이다. 어떤 이유를 들어도 이 분배방식에 이의를 제기할 수는 없다. 자유지선주의의 관점에서 보면, 관객들은 자유로운 선택에 따라 표를 샀다. 누가 강제해서 농구장에 끌려나온 것이 아니다. 조던을 좋아하지 않는 사람이나 이러한 분배방식에 동의하지 않는 사람은 아예 경기를 보지 않고 다른 일을 하였을 것이다.

롤스의 정의론에서와 같이, 정의의 원칙에 기초한 분배는 자유시장에 의한 분배를 뒤틀어 놓는다. 자유시장의 결과인 경제적 불평등이 정의롭지 못하다고 생각하는 사람들은 자유 선택에 기초한 분배 결과를 바로잡기 위해 계속 자유시장에 개입해야 한다. 둘째, 가난한 사람을 돕기 위해 조던에게 세금을 부과하는 행위는 자발적 거래의 결과를 뒤집을 뿐만 아니라 조던의 수입을 빼앗아 감으로써 그의 권리를 침해한다. 사실상 그의 의지에 반하여 기부금을 강요하는 것과 다름없다.

노직이 조던의 수입에 세금을 부과하는 것이 잘못되었다고 보는 이유가 무엇일까? 노직에 따르면, 세금을 부과하는 것은 돈의 문제로 끝나는 것이 아니라 그의 자유를 빼앗는 것이다. 노직은 “노동으로 얻은 소득에 세금을 부과하는 것은 강제노동을 시키는 것과 같다.”

노직은 돈을 벌기 위해 투하된 시간과 번 돈을 동일시한 것이다. 돈을 빼앗아 가는 것은 그 돈에 투하한 시간만큼 국가가 강제노동을 나에게 강요한 것이다. 시간과 돈은 동일하고, 돈을 빼앗는 행위는 시간을 빼앗는 것이고, 시간을 빼앗는 것은 강제노동을 강요하는 것이나 다름없다는 것이 노직의 논리라는 것이다. 샌델은 노직의 이런 주장을 보여주기 위해 긴 글을 인용했다.

샌델은 노직의 이런 방식의 추론은 자유지선주의의 도덕적 정수인 자기 소유 개념으로 이어진다고 말한다. 자기 소유 개념에 따르면 나는 나의 소유자이고, 나의 노동은 나의 소유이고, 노동하여 번 돈도 나의 소유라는 것이다. 결국 나의 소유물은 나의 확장이라는 논리다. 이런 개념에 비추어 보면, 내가 번 돈의 일부를 국가가 가져가는 것은 나의 노동의 결과를 국가가 가져가는 것으로, 결과적으로 나의 일부를 국가가 가져가는 것이다. 조던에게 세금을 부과하는 것은 조던의 몸을 침해하는 것이고 조던의 권리를 침해하는 것이다.

자유지선주의자들은 과세(課稅)는 도덕적으로 강제노동이고, 국가가 나에게 강제노동을 강요하는 것은 나를 노예로 만드는 것과 다름없다고 보는 것이다. 노예는 자신의 모든 것을 주인에게 맡기고, 납세자는 자신의 일부를 정부에게 빼앗긴다는 점에서 양자의 차이를 인정할 수는 있겠지만, 아무리 부분을 가져간다고 할지라도 그것은 강제노동이고 노예 취급이라는 것이 노직의 핵심적인 주장이다. 소득의 얼마를 가져가든 그 행위 자체는 노직이 이상으로 삼은 최소국가의 정당한 역할을 넘어서는 것이다.

샌델은 세금은 강제노동이라는 논리를 격파하기 위해서는 '자기 소유권'의 논리를 깨는 것이 가장 효과적이라고 생각한다. 자기 소유

권의 논리가 피할 수 없는 난관에 봉착하면 노직의 최소국가론은 무너진다는 것이 샌델의 생각이다.

정당한 국가는 최소국가

자유지선주의자들은 규제 없는 시장을 옹호하면서 정부의 규제에 반대한다. 그들이 그렇게 하는 이유는 경제의 효율성 때문이 아니라 인간의 자유를 옹호하기 때문이다. 이들의 핵심 주장은 우리 개인에게는 자유라는 기본권이 있으며, 다른 사람에게 피해를 주지 않는 한, 우리는 우리 자신의 소유물을 우리 마음대로 사용할 수 있다는 것이다. 이것이 샌델이 요약한 자유지선주의의 핵심이다.

자유지선주의자들은 현대국가가 하고 있는 많은 일들은 모두 자유를 침해하고 있다고 주장한다. 자유지선주의자들은 계약의 수행을 강제하고, 도둑으로부터 개인의 재산을 보호하고, 평화 유지를 하는 국가만이 권리 이론에 부합하는 국가이다. 그 이상의 기능을 수행하면 부도덕하다고 본다.

샌델은 현대국가가 펼치는 정책과 법 가운데 자유지선주의자들이 반대하는 3가지 ① 온정주의 ② 도덕의 법제화 ③ 소득이나 부의 재분배를 간단하게 요약하였다.

① 온정주의

자유지선주의자들은 사람들이 스스로를 해치지 못하도록 보호하는 법에 반대한다. 안전벨트나 오토바이 헬멧 착용을 의무화하는 법이 온정주의적 법에 해당한다. 안전벨트나 오토바이 헬멧을 착용할 것인가 말 것인가는 개인이 선택할 문제이지 국가가 개입할 문제는 아니라는 것이다. 설사 헬멧을 쓰지 않고 오토바이를 타는 행위는 위험하기 때문에 국가가 그것을 금지하는 것이 개인을 부상과 죽음으로부터 구하는 행위라고 할지라도, 국가가 법으로 그것을 강제하는 것은 개인의 선택의 권리를 침해하는 것이다. 자유지선주의자는 제3자에게 해를 끼치지 않는 한 국가는 개인의 생명을 보호한다는 명분으로 개인의 신체나 목숨을 간섭할 권한이 없다고 본다.

② 도덕의 법제화

또 자유지선주의자들은 법을 통해 강압적으로 덕을 권장하거나 다수가 도덕적이라고 생각하는 것을 소수에게 강요하는 것에 반대한다. 매춘이 못마땅할 수는 있지만 그렇다고 성인들의 합의로 이루어지는 매춘을 법으로 금지하는 것은 옳지 않다. 공동체의 다수가 동성애에 반대한다고 해서 법으로 그것을 금지하는 것은 옳지 않다. 국가가 사람들을 도덕적으로 만들기 위해 법으로 강제하는 것은 옳지 않다고 본다.

③ 소득이나 부의 재분배

자유지선주의자들은 부의 재분배를 위한 과세와 강제로 다른 사람을 도울 것을 강제하는 법도 반대한다. 자신의 의사로 의료, 주택, 교육을 보조하는 것이 도덕적으로 바람직하다고 할지라도 이것을 정부가 강제할 일은 아니다. 자유주의자들은 재분배를 위한 과세를 강제노동이나 절도와 비교하기도 한다. 국가가 부유한 사람에게 가난한 사람을 도와주어야 한다고 법으로 강제할 수는 없다. 국가는 납세자에게 가난한 사람을 돕는 사회 프로그램을 지원하라고 강요할 권리가 없다. 국가가 그렇게 하는 것은 자애로운 도둑이 부자의 돈을 훔쳐 노숙자들과 같이 어려운 사람들에게 나누어주는 것과 차이가 없다는 것이다.

샌델은 자유지선주의 철학을 가진 사람들이 미국에서 어떤 정치적 성향을 띠고 있는 집단과 정확하게 일치하는지를 말하기는 어렵다고 본다. 규제 없는 경제정책을 지지하는 미국의 보수주의자들도 학교 내의 예배활동, 낙태, 동성애, 외설물 규제와 같은 논란이 많은 문제에 대해서는 자유지선주의자들과 의견을 달리한다. 반면에 복지국가를 지지하는 사람들 가운데 상당수는 게이의 권리, 출산 결정권, 언론의 자유, 정교분리 같은 문제에 대해서는 자유지선주의자와 견해를 함께 한다.

실제로 자유지선주의는 미국의 정치 지형에서 차지하고 있는 비중이 약하다. 자유지선주의 철학자 호스퍼스(John Hospers)가 한때 자유지선주의 정당의 대통령 후보로 나섰던 적은 있지만, 자유지선주의를 표방한 정당이 미국 정치에서 차지하는 비중은 미미하다. 공화당과 민주당은 자유지선주의 철학 가운데 경제자유주의와 개인의 자유를 각각 차용(借用)하기는 하지만, 경제자유주의와 개인의 자유를 함께 주장하는 자유지선주의가 아직 대중의 지지를 받고 있지 못한 것이 미국의 현실이다. 우리나라는 미국보다 더 자유지선주의의 정치적 입지가 취약하다.

그럼에도 불구하고 자유지선주의의 사상은 한때 미국과 영국에서 막강한 영향력을 행사했다는 사실을 샌델은 놓치지 않고 지적한다. 친 시장, 작은 정부를 지향했던 로널드 레이건과 마거릿 대처의 정책에서 자유지선주의 정책이 뚜렷하게 드러났다는 것이다. 샌델은 지적 신념으로서 자유지선주의는 그보다 앞서 나타난 복지국가에 대한 반발로 등장했다고 말한다.

샌델이 말하는 지적 신념으로서 자유지선주의자는 오스트리아 출신의 경제학자이자 철학자인 프리드리히 하이에크(Hayek: 1899~1992)와 밀턴 프리드먼(M. Friedman: 1912~2006)이다. 하이에크는 『자유 헌정론(*The Constitution of Liberty*)』(1960)에서, 전반적인 경제적 평등을 성취하려는 시도는 무엇이든 강압적이며 자유사회를 파괴한다고 주장했다. 밀턴 프리드먼은 『자본주의와 자유』(1962)에서 국가의 역할로 인정되고 있는 많은 행위들이 개인의 자유를 침해하는 위법 행위라고 주장했다.

프리드먼은 강제적인 사회보장제도나 정부가 운영하는 퇴직 프로그램을 대표적인 예로 제시하였다. 그는 "어떤 사람이 노년을 어렵게 살더라도 현재를 즐기고자 자기 재산을 당장 쓰기로 결정한다면, 도대체 무슨 권리로 그 결정을 국가가 막겠는가?"라고 묻는다. 그 사람에게 퇴직 후를 생각해서 저축을 하라고 권고할 수는 있지만, 그의 결정을 막을 수 있는 권리는 누구에게도 없다는 것이다.

샌델은 계속해서 프리드먼의 자유지선주의를 소개한다. 프리드먼은 우리 헌법에도 명시되어 있는 최저임금제 역시 반대한다. 고용주와 노동자 사이에 이루어진 합의라면 고용주가 얼마를 지급하겠다고 했든 노동자가 그것을 받아들였다면 문제가 없다는 것이다. 쌍방이 합의에 의해 노동이 계약되었다면 정부가 나서서 얼마 이상을 주어야 한다고 강제할 수 없다는 것이다.

프리드먼에 따르면, 고용차별금지법도 정부가 개인의 자유를 침해하는 것이다. 고용주가 인종이나 종교 등의 이유로 어떤 사람을 고용하거나 고용하지 않는 것에 대해 정부가 나서서 막을 권리를 가지고 있지 않다는 것이다. 정부가 그것을 막는 것은 "개인 사이의 자발적인 계약 체결의 자유를 간섭하는 것이다."

나아가 프리드먼은 특정 직업을 갖기 위해서는 정부가 인정하는 자격증을 받도록 한 법도 선택의 자유를 부당하게 간섭하는 것으로 여긴다. 숙련되지 못한 이발사가 변변치 못한 서비스를 제공하더라도 그것을 원하는 소비자가 그것을 선택하면 그것으로 끝이다. 그럼에도 불구하고 정부가 이발사 자격이 없는 사람에게 이발업을 하지 못하도록 금지하는 것은 잘못이다.

프리드먼은 이런 논리를 의사와 변호사에게까지 확대한다. 내가 싼값에 의료 서비스를 받고 싶으면 면허를 가지고 있든 그렇지 않든 관계없이 나는 서비스를 선택할 수 있어야 한다. 정부는 정보만 제공해 주면 된다. 그렇게 하면 환자들은 정보를 참고로 자신이 원하는 의사를 선택하면 된다. 설사 국가가 정보를 제공하지 않아도 환자는 민간이 발행하는 잡지에서 평가한 서비스 등급을 참고로 스스로 선택할 수 있다는 것이다. 국가가 개입하면 할수록 개인의 '선택할 자유'가 줄어든다는 것이 프리드먼 자유지선주의의 핵심이다.

샌델은 자유지선주의는 시장을 옹호하는 강력한 이론이라고 생각한다. 오늘날 세계화와 국경을 넘나드는 거대 기업의 활동을 정당화하는 철학이 바로 자유지선주의의 시장 철학이라는 관점이다. 이러한 관점은 흔히 신자유주의라고 불리는데 샌델은 '시장의 도덕적 한계'를 통해 시장을 옹호하는 철학을 비판한다. 샌델의 시장 비판은 다음 장에서 자세히 다룰 것이다.

제3부
'무연고적 자아' 비판

샌델의 공동체

마이클 샌델은 자유주의 정치철학을 비판함으로써 자신의 명성을 쌓았다. 그는 아리스토텔레스의 정치철학적 유산을 옹호하면서 자유주의 정치철학, 특히 롤스의 정의론을 비판하였다. 그가 비판한 자유주의 정치철학에는 롤스뿐만 아니라 칸트, 노직, 로크의 철학도 포함된다. 샌델이 로크, 칸트, 롤스, 노직을 자유주의 철학으로 규정하고 비판한 이유는, 샌델이 생각하기에, 이들은 세부적인 철학적 차이에도 불구하고 공통적인 기본 전제를 가지고 있기 때문이다. 샌델이 이들의 공통적인 전제로 지적한 것은 '무연고적(無緣故的) 자아(自我)'와 '정치의 중립성'이다.

반면에 샌델이 자신의 학문적 동료로 생각하는 철학자들은 찰스 테일러, 마이클 왈저, 알래스데어 매킨타이어다. 이들은 현대 공동체주의자로 분류된다. 이들은 공통적으로 현대사회에 널리 퍼진 개인주의에 기초한 자유주의 정치철학을 경계하면서 공동체의 연대와 미덕, 공공선에 중요한 가치를 부여한다. 이들은 현대 서구사회가 자유주의적 개인주의와 이기주의에 매몰되어 있다고 진단한다.

정치철학으로서의 '공동체주의'는 20세기 후반에 탄생한 새로운 철학이다. 공동체를 중요하게 생각하는 공동체 중심의 철학은 고대까지 거슬러 올라간다. 그러나 정치철학의 한 사조로서 공동체주의는 '자유주의 이후(postliberal philosophy)'의 철학이다. 공동체주의는 자유주의가 초래한 문제를 교정하려는 시도에서 나온 새로운 정치철학으로, 개인주의에 기초한 근대 자유주의가 공동체의 가치를 파괴하여 현대사회가 위기에 봉착했다는 문제의식에서 출발한다.

공동체주의는 공동체의 복지를 공적 담론의 중심에 놓아야 한다고 주장한다. 공동체주의는 개인주의적 자유주의가 정치적 담론에서 개인을 중심에 놓음으로써 공동체의 연대나 공공의 이익을 밀어냈다고 생각한다. 공동체주의자들에 따르면, 한 사회를 건강하게 유지하기 위해서는 자유주의가 중시하는 자유와 평등만으로는 부족하다. 그들은 민주적 공동체 안에서의 자유와 평등이라는 가치와 공동체 가치가 결합되어야 한다고 주장한다. 그런데 그들이 보기에 자유주의는 공동체의 가치인 연대 또는 우애를 경시함으로써 현대사회에서 여러 문제를 야기하였다. 공동체주의자들은 윤리, 정치, 제도에서 자유주의의 핵심인 개인주의 때문에 현대사회의 여러 문제가 발생했다고 본다.

샌델은 자유주의 비판에 다른 여러 공동체주의자와 공동보조를 취하면서 자신의 공동체주의를 발전시켰다. 샌델은 공동체를 3가지로 나눈다. 첫 번째 종류의 공동체는 '도구적 공동체'이다. 이 공동체에서 개개인은 오직 자신의 사적인 목적을 위해서만 협동한다. 이 공동체는 퇴니스(Ferdinand Tönnies: 1885~ 1936)가 말한 '이익사회'와 유사하며, 전적으로 도구적이다.

두 번째 종류의 공동체는 '심정적 공동체'로서 롤스가 생각한 공동체다. 이 공동체는 도구적 공동체와 달리 참여하는 사람들이 '공통의 최종 목적'을 갖는다. 그 목적을 달성하기 위하여 협동하며, 이러한 협동을 선으로 생각한다. '심정적 공동체' 구성원들의 이해관계는 적대적이 아니라 상보적(相補的)이고 중첩적이다. 누군가가 다른 사람들의 복지를 증진시킬 수 있다.

샌델은 '도구적 공동체'와 '심정적 공동체'는 똑 같이 개인주의에 기초하고 있다고 본다. '도구적 공동체'는 개개인이 협동하지만 오직 자신의 이익을 위해서 그렇게 한다. 개인의 선(善)의 합이 공동체의 선(善)이라고 생각한다는 점에서 개인주의적이다. '심정적 공동체'는 협동하는 개개인의 동기가 이기적인 목적뿐만 아니라 이타적인 목적도 포함한다. 그러나 그 주체들은 이미 개별화되어 있기 때문에 개인주의적이다. 샌델은 이 두 공동체는 개인주의적 공동체이기 때문에 진정한 공동체가 아니라는 결론을 내린다. 뿐만 아니라 샌델은 롤스의 '심정적 공동체'로는 그의 차등(差等)의 원칙에 포함된 재능을 공동 자산으로 간주하는 강력한 공동체로 나아갈 수 없다고 주장한다. 차등의 원칙이 작동하기 위해서는 자아에 깊이 스며든 공동체가 필요하다는 것이다.

이렇게 주장하면서 샌델은 세 번째 종류의 공동체를 제안한다. 세 번째 공동체는 구성적 관점에서 나온 공동체다. '구성적(構成的) 공동체'는 개인을 전제로 하지 않는다. '구성적 공동체'에서는 개인은 개인으로서 공동체에 대한 귀속의 감정을 갖는 것이 아니라, 개인은 공동체와 자기동일성(自己同一性)을 갖는다. 개인은 독립적 존재가 아니라 공동체에 의해 구성된 존재다. 공동체에 속한 사람들은 공유되는 최종의 목적들을 가지며, 사람들은 공동체에 참여함으로써 진정한 자아를 실현한다. 사람들은 오직 사회 연합 속에서만 자신의 삶의 의미를 갖는다. 공동체 구성원들은 서로의 본성에 참여하며, 자아는 많은 자아들의 활동 속에서 실현된다.

공동체적 자아로서의 구성적 자아

샌델에 따르면, 우리는 가족이나 민족이나 국민의 한 사람으로, 역사의 담지자로, 자신이 속한 공동체에 대해 믿음과 소속감, 충성심을 가지고 산다. 우리 스스로를 독립된 자아로 인식하면 이러한 소속감이나 충성심을 인정할 수 없다. '무연고적 자아'인 개인은 자유롭고 합리적인 행위자가 아니라 '성격'이 없고 도덕적 깊이가 없는 인간이 된다. '성격'이 없고 깊이가 없다는 말의 의미는 무엇인가? 샌델은 다음과 같이 설명한다.

첫째, 성격을 갖는다는 말의 의미는 내가 역사 속에서 활동하고 있음을 아는 것이다. 내 활동의 장소인 역사를 내가 선택한 것은 아니지만, 역사는 나의 활동에서 결정적으로 중요하다. 물론 개인은 자기 해석적 존재로서 내가 속한 역사에서 거리를 유지하고 역사를 사유의 대상으로 삼을 수 있다. 그러나 거리를 확보한다고 해서 그가 역사에서 벗어난 것은 아니며, 반성의 지점도 역사 안에 존재한다.

둘째, 인간이 역사 속에 존재하는 연고적(緣故的) 자아라면, 인간의 행위능력과 자아인식도 변해야 한다. 역사적 특수성이 포함되어 있지 않은 '무연고적 자아'는 참된 의미에서 자기를 인식할 수도 없다. '무연고적 자아'는 텅 빈 진공상태의 자아이기 때문에 자기 인식을 할 대상이 없다.

셋째, 구성적 의미의 '성품'이 존재해야 우리는 친구와 우정을 유지할 수 있다. 우정에서 나온 행위는 나와 동일한 구성적 자아를 가진 사람에 대해서만 가능하다. 우리는 친구와 역사를 공유할 때에만 서로 우정을 주고받을 수 있다. 샌델에 따르면, 우리가 '구성적 자아'인 '연고적 자아'를 인정하고, 다른 사람과 공동성(common- ality)을 가질 때에만 우리는 '성품'을 갖고, 반성하고, 친구와 우정을 나눌 수 있다.

샌델에 의하면, 자유주의 정치철학의 잘못된 핵심적인 가정 가운데 하나는 '무연고적 자아'이다. 자유주의 정치철학의 대표자인 롤스는 『정의론』에서 '무지의 베일' 뒤에서 정의의 원칙을 생각해야 한다고 주장했다. 우리는 우리가 누구인지 몰라야 한다는 것이다. 우리가 강한지 약한지, 건강한지 병약한지, 부자인지 가난한지 몰라야 한다. 우리는 민족이나 인종, 종교와 성에 대해서도 몰라야 한다. 우리는 우리가 선(善)에 대해 가지고 있는 특별한 관념에 대해 몰라야 한다. 사람들은 자기 자신에 관한 모든 것을 모른 채 합리적인 정신만으로 정의의 원칙을 만들어야 한다는 것이다.

그런데 샌델은 우리가 특별히 누구인지도 모르고, 특별히 무엇에 가치를 두는지도 모르면서 어떻게 우리의 삶을 지배하는 원리를 선택할 수 있겠는가? 하고 묻는다. 정의의 원칙을 만드는 사람들에 대한 이와 같은 생각은 사람들을 자유롭고 독립된 존재, 자신의 가치와 목적을 선택할 수 있는 존재로 존중해야 한다는 사고방식에서 나왔다. 이런 인간관은 자아가 역사, 전통, 타고난 지위에 의해 정의되지 않거나 영향을 받지 않는다고 생각한다. 이것은 롤스의 강력한 아이디어이다.

정의에 대한 롤스식 사고방식에 비판적인 사람들은 사람들에게 자신의 삶의 역사, 그들의 전통, 그들의 문화, 그들의 도덕적·종교적 헌신을 제쳐놓기를 요구하는 것은 도덕적으로 주요한 그 무엇을 놓치는 것이라고 주장한다. 정의나 권리의 의미에 대한 논쟁을 위해 공공의 영역으로 들어갈 때에는 이러한 신념을 놓고 들어가라고 주장하는 것은 우리가 무엇인가를 놓친다는 것이다. 따라서 그들은 우리가 시민으로서 정의와 권리의 의미에 대해 논의하기 시작할 때 우리는 우리의 도덕적·정신적 구속, 전통, 신념을 제쳐놓아서는 안 된다고 주장하였다. 대신에 우리는 그러한 것을 끌어들이고, 우리의 동료 시민이 신봉하는 좋은 삶의 개념에 주의를 기울여야 한다는 것이다.

샌델은, 자유주의자들의 자유는 '무연고적 자아(encumbered self)'에 기초하고 있는데, 이러한 자유의 개념을 받아들이면 우리가 행하는 많은 행위들을 설명할 수 없다고 비판한다. 곧 자유주의의 자아 개념은 설명력이 약하고 한계가 있다는 것이다. 자유주의자들의 자아 개념에 따라 우리 자신을 자유롭고 독립적인 존재로 여겨 우리가 선택하지 않은 도덕적 의무나 구속을 받아들이지 않는다면 어떻게 될까?

샌델은 우리가 통상적으로 인정하고 칭찬하는 도덕적이고 정치적인 의무의 의미를 이해할 수 없게 된다고 주장한다. 이러한 의무에는 연대와 충성의 의무, 역사적 기억과 신앙의 의무가 있다. 이러한 의무들은 우리의 정체성을 형성하는 공동체와 전통에서 나온 도덕적 요구이다. 만일 우리가 우리 자신을 '무연고적 자아'로 받아들인다면, 이러한 우리의 도덕적·정치적 경험을 이해할 수 없게 된다는 것이다.

샌델은 자유주의자들이, 특히 롤스가, 이러한 '무연고적 자아' 개념에 기초하여 자신의 정의론을 전개했다고 주장한다. 샌델은 '무연고적 자아'라는 잘못된 개념에서 출발한 롤스의 정의론은 성공할 수 없다고 주장한다. 샌델은 우리의 목적과 애착을 고려하지 않고 정의를 논할 수 없다고 생각하기 때문이다.

그러면 샌델은 어떤 자아를 주장하는가? 그는 매킨타이어의 자아관을 수용한다. 매킨타이어는 '이야기(narrative)하는 존재'로서 자아라는 개념을 제시했다. 인간은 이야기하는 존재다. 우리는 우리의 삶을 이야기하는 탐색자로 살아간다는 것이다. 매킨타이어는 "나는 내가 '어떤 이야기 또는 나 자신을 발견할 수 있는 이야기들의 일부인가?'라는 선행하는 질문에 답할 수 있어야만 비로소 나는 '내가 무엇을 해야 하는가? 라는 물음에 답할 수 있다."고 한다.

매킨타이어에 따르면, 모든 삶의 이야기에는 특정한 목적론적 성격이 있다. 이것이 어떤 외부의 권위에 의해 부여된 고정된 목적이나 최종 목표가 있다는 것을 의미하는 것은 아니다. "우리는 허구의 이야기에 등장하는 인물들처럼 앞으로 무슨 일이 일어날지 모른다. 그럼에도 불구하고 우리의 삶은 미래로 투사되는 어떤 형식을 가지고 있다."는 것이다.

산다는 것은 통합과 일관성을 지향하는 이야기를 수행하는 것이다. 살아가면서 갈림길에 마주쳤을 때에는, 나는 나의 삶 전체에 최대의 의미를 부여하는 쪽으로, 마음이 쏠리는 쪽으로 가려고 노력한다. 도덕적 고민은 내 의지의 행사라기보다 내 삶의 이야기를 해석하는 것에 가깝다. 여기에 해석이 포함되지만 그것은 해석에서 나오는 선택이지 의지의 주권적 행위가 아니다. 때로는 내 앞에 놓인 길 가운데 어느 길이 내 삶의 행로와 가장 잘 맞는지를 내가 아니라 내 친구가 더 잘 알 수도 있다. 도덕적 행위자를 이야기로 설명하는 방식에는 이런 가능성을 허용하는 미덕이 존재한다.

이 설명은 도덕적 숙려(熟慮)가 내 삶이 속한 더 큰 이야기 내부에서 어떻게 이야기에 관한 반성을 포함하는지를 보여준다. 매킨타이어는 "나는 개인의 자격만으로 선(좋음)을 추구하거나 미덕을 행할 수는 없다. 나는 내 자신을 발견할 수 있는 이야기와 친숙하게 될 때에만 내 삶의 이야기를 이해할 수 있다."고 하였다. 아리스토텔레스와 같이 매킨타이어에게 도덕적 반성의 이야기적(說話的) 또는 목적론적 측면은 공동체의 구성원으로서 그것에 귀속되어 있다는 사실과 밀접하게 결합되어 있다.

> "우리 모두는 특별한 사회적 정체성을 지닌 사람들로서 우리를 둘러싼 환경에 접근한다. 나는 누군가의 아들이며 누군가의 딸이거나 또는 사촌이거나 삼촌이다. 나는 이 도시나 저 도시의 시민이며, 이 조합이나 전문가 또는 저 조합이나 전문가 집단의 일원이다. 나는 이런 저런 친족이나 부족이나 나라에 속한다. 따라서 나에게 좋은 것은 내가 속한 집단에 속한 사람들에게도 좋아야 한다. 이와 같이 나는 내 가족, 내 도시, 내 친족, 내 나

라의 과거로부터 다양한 빚, 유산, 정당한 기회와 의무를 물려받는다. 이런 것들은 나에게 주어진 것을 구성하며, 도덕적 출발점이 된다. 이것이 부분적으로 나의 삶에 도덕적 특수성을 부여한다."

매킨타이어의 자아관은 현대의 개인주의와 부합하지 않는다. "개인주의 관점에서 보면, 내가 어떤 사람이 될 것인가는 내가 선택한다." 개인주의자의 입장에서 볼 때 도덕적 성찰은 나의 정체성과 내가 짊어진 짐을 고려하지 않거나 추상화시켜야 한다. "내 나라가 한 일의 책임을 떠맡기로 내가 직간접적으로 선택하지 않는 한, 나에게는 책임이 없다." 이러한 개인주의는 오늘날 미국인에게서도 볼 수 있다. 이들은 노예제가 흑인들에게 미친 영향에 대해 일체의 책임을 부인한다. '나는 한 번도 노예를 소유한 적이 없다'고 말한다. 개인주의의 편에 설 때 우리는 도덕적 개인주의를 받아들이는 것이고, 이렇게 되면 과거의 잘못에 대해 후손이 책임져야 한다는 당위를 인정할 수 없게 된다.

매킨타이어는 도덕적 개인주의의 또 다른 사례를 제시한다. "내가 아는 어떤 독일 젊은이는 자신이 1945년 이후에 태어났으니, 나치가 유대인에게 어떤 일을 저질렀건 현재의 자신과는 도덕적으로 연관성이 없다고 생각한다." 샌델도 매킨타이어와 같은 입장에서 도덕적 개인주의를 비판한다. 샌델은 매킨타이어의 이러한 자아관에 따르면 '사회적·역사적 역할과 지위가 분리 가능하다.'는 자유주의자들의 입장은 잘못되었다고 말한다.

"이는 자아를 이야기로 보는 입장과 명확히 대비된다. 내 삶의 이야기는 언제나 내 정체성의 기원이 된 공동체 이야기의 일부이기 때문이다. 나는 과거와 함께 태어났다. 개인주의적인 방식으로 나 자신을 과거와 단절하려는 시도는 현재의 나의 관계들을 변형시키는 것이다."

샌델은 인간을 이야기 속의 존재로 파악하는 매킨타이어의 입장은 인간을 자유로운 선택권을 가진 존재로 보지 않기 때문에, 과거에 대한 부담을 지지 않고 태어난 자발적 존재로 보는 지유주의적 시각과 확실히 구별된다고 말한다. 샌델은 그러면서 어느 쪽이 도덕적 반성의 경험을 더 잘 담아내고 있는지 스스로 물어볼 수 있다고 말한다. 두 시각을 평가하는 또 다른 방법은 어느 쪽이 도덕적·정치적 의무를 더 설득력 있게 설명하는지를 묻는 것이다. 우리는 스스로 선택하지 않았고, 사회계약의 결과로 돌릴 수 없는 도덕적 의무에 묶여 있다는 것이다.

합의가 없어도 발생하는 의무

샌델은 자유주의자들은 '선택하지 않은 의무'의 존재를 인정할 수 없기 때문에 한계를 지닌다고 말한다. 자유주의자들이 인정할 수 있는 의무는 오직 두 가지, 즉 모든 인간이 공통적으로 가지는 자연적 의무와 합의에 의해서 생기는 자발적 의무뿐이다. 자연적 의무는 보편적이다. 인간으로서 다른 인간들, 즉 이성적 존재에 대해서 져야 하는 의무이다. 타인을 정당하게 대우하고, 잔인한 행동을 하지 말아야 한다. 이런 의무는 합의라는 절차를 필요로 하지 않는다. 자유주의자들이 말하는, 타인에게 피해를 주는 행동을 하지 않는 범위 안에서 자신의 자유를 행사해야 한다는 '해악의 원리'에 포함된 규범이다. 샌델은 자연적 의무를 인간과 인간 사이에만 적용하지만, 환경 문제가 발생하면서 이 의무를 인간 이외의 다른 존재들에게까지 확장해야 한다는 주장도 대두되고 있다고 말한다.

자연적 의무와 달리 자발적 의무는 보편적이 아니라 특수한 의무이다. 내가 합의를 했기 때문에 발생하는 의무이다. 자유주의자들은 우리가 모든 사람의 존엄성을 존중하여 그들에게 피해를 주는 행동을 해서는 안 된다고 생각한다. 그러나 이것을 벗어난 영역에서는 스스로 합의한 것만 지키면 된다. 어느 누구도 타인에게 좋은 일을 하라고 강권할 수는 없다. 우리가 타인에게 해를 끼치지만 않는다면, 타인에게 선을 행하는 일이라도 자신이 원하지 않으면 하지 않는 것이 도덕적으로 용인된다. 자발적으로 타인에게 좋은 일을 하는 것은 미덕이지 의무는 아니다.

샌델은 자유주의자들의 이러한 입장을 "엄격하게 말해, 시민에게는 일반적으로 부여된 정치적 의무는 없다"는 의미로 해석한다. 자발적으로 공직에 나선 사람이라면 정치적 의무를 초래하지만, 일반 시민들은 정치적 의무가 없다는 것이다. 샌델은 우리가 의무에 대한 자유주의자들의 설명을 받아들인다면, 일반 시민들은 부당한 행위만 행하지 않는다면, 보편적이고 자연적인 의무를 제외하면, 동료 시민에게 특별히 다른 의무를 지지 않는다고 말한다.

샌델은 자신을 포함하여 매킨타이어와 같이 인간을 이야기하는 존재로 보는 사람들의 의무 개념은 자유주의자들의 의무 개념보다 풍부하다고 주장한다. 의무에 대한 자유주의자들의 설명은 시민으로서 서로에 대해 지는 특별한 책임을 언급하지 않기 때문이다. 뿐만 아니라 시민들이 져야 할 충성(loyalty)과 책임도 포착할 수 없다고 주장한다. 샌델이 이렇게 주장하는 이유는 충성과 책임은 우리 스스로를 특정 가족, 국가, 민족의 구성원이자 공화국의 시민으로서 역사를 떠안은 사람으로 인정하지 않으면 나올 수 없다고 믿기 때문이다. 시민들의 도덕적 생활을 규제하기 위해 필요한 도덕적 힘인 충성과 책임은 자유주의적 인간관에서는 도출될 수 없다는 것이다.

샌델에 따르면, 우리가 어떤 공동체적 자아관을 배제하면 우리가 져야 할 충성과 책임은 사라진다. 우리의 정체성은 도덕과 정의를 숙고할 때 배제되어야 할 우연적인 요소가 아니라는 것이다. 그것은 현재의 우리의 일부이며, 그것에는 당연히 도덕적 책임이 따른다는 것이다. 따라서 인간을 자발적 존재로 볼 것인가 아니면 이야기하는 존재로 이해할 것인가를 결정하는 또 하나의 방법은 자유주의자로서는 설명할 수 없는 세 번째 종류의 의무를 인정하는가 그렇지 않은가에 달렸다.

샌델은 세 번째 의무를 연대의 책무 또는 구성원의 책무(귀속의 책무)라고 부른다. 자연적 의무와 달리 연대의 의무는 보편적인 의무가 아닌 특수한 의무이다. 연대와 귀속의 의무는 우리가 이성적 존재이기 때문에 져야 할 의무는 아니다. 이 의무는 우리가 어떤 역사를 공유하고 있기 때문에 져야 하는 도덕적 책임이다. 연대와 귀속의 의무는 자발적 의무와 달리 합의에 의존하지 않는다. 연대의 의무에 담겨있는 도덕적 비중은 내가 어디에 귀속되어 있다는 도덕적 반성과 나의 인생 이야기는 다른 사람의 인생 이야기와 긴밀하게 연결되어 있다는 인식에서 나온다.

소속이 주는 의무

샌델은 연대의 책무 또는 구성원으로서의 책무를 구체적으로 보여주기 위해 몇 가지 예를 제시하였다. 그는 각각의 사례에 도덕적 무게가 실려 있는지를 생각해 보고, 실려 있다고 생각하면 이것들의 도덕적 위력이 사회계약의 용어로 설명될 수 있는지 없는지를 생각해 보라고 권한다. 샌델의 결론은 설명될 수 없다는 것이다.

그는 연대와 귀속의 책무에 대한 전형적인 예로 가족의 사례를 제시한다. 가족은 서로 서로가 특수한 책무를 진다는 것이다. 두 아이가 익사(溺死) 직전인데 불행하게도 한 명밖에 구할 수 없다면 누구를 구해야 할 것인가? 한 사람은 내 아이이고 다른 사람은 모르는 사람일 때 누구를 구해야 하느냐고 묻는다. 당연히 내 아이를 구해야 할 것이다. 이것은 동전을 던져서 결정할 수 있는 문제가 아니라는 것이다. 여기에는 공정성(公正性)의 문제가 개입될 여지가 없다.

이런 생각의 바탕에는 부모는 자식의 복지에 특별한 책무가 있다는 전제가 있다. 이것을 두고 어떤 사람들은 부모의 책무가 합의에서 나온다고 주장하기도 한다. 자식을 갖기로 선택했다면 특별히 사랑하고 보살피기로 자발적으로 동의했다고 보는 시각이다.

그러나 그는 합의라는 요소를 배제하기 위해 자식이 부모에게 지는 책무를 생각해 보라고 한다. 도움을 필요로 하는 노부모가 두 사람이 있는데, 한 명은 나의 어머니이고 다른 사람은 다른 사람의 어머니이다. 둘 다 보살피면 좋겠지만 그렇지 못한 상황에서는 자기 어머니를 보살필 특별한 책무가 있다고 그는 말한다. 이렇게 말하면서 그는 이것을 합의로 설명하기는 어렵다고 말한다. 나는 부모를 선택한 적이 없기 때문이다.

샌델은 이러한 사실을 설명하는 다른 방식을 제시한다. 자신의 어머니를 돌보아야 하는 도덕적 책무는 어린 시절 자신이 어머니의 보살핌을 받으면서 자랐다는 사실에서 나왔다는 주장을 소개한다. 어머니가 자신을 보살피고 키웠으니 그것을 갚아야 할 책무가 있다는 것이다.

그는 이러한 설명을 소개하면서 합의와 상호 이익을 따지는 계산을 가족의 책무에 적용하는 것은 적절하지 않다고 주장한다. 하지만 한 걸음 양보해서 이 주장을 인정한다고 해보자고 한다. 그렇다면 자식에 대한 책임을 소홀히 하고 무관심했던 부모에게는 어떻게 해야 하는가? 아이를 어떻게 키웠느냐에 따라 나중에 부모가 자식에게 요구할 수 있는 책무의 정도가 달라진다고 해야 할까? 라고 묻는다. 부모 노릇을 제대로 하지 못한 부모도 자식이 보살필 책무가 있다는 사실을 받아들인다면, 도덕적 책무는 상호 이해와 합의라는 자유주의 윤리를 넘어선다고 할 수 있다는 결론을 내린다.

자유주의자라면 샌델의 이러한 주장을 어떻게 받아들여야 할까? 우선 지적할 수 있는 것은 샌델이 말하는 연대와 귀속의 책무는 정의(正義)와 무관하다는 것이다. 정의는 제도(制度)가 가져야 할 특성이지 개인이 가져야 할 덕목(德目)은 아니다. 만일 자식이 부모를 돌보아야할 책무를 법으로 강제한다면 이것은 사회정의의 문제가 될 수 있다. 그러나 샌델이 그런 주장을 하고 있는지 단정할 수는 없다. 자식에게 강제로 부모에게 효도하라고 하는 것은 자유주의자의 입장에서는 받아들이기 어렵다. 입양의 경우에도 샌델의 효도(孝道) 원리가 적용되어야 하는가? 길러준 부모와 생물학적 부모를 동일하게 취급해야 할까? 연좌제(連坐制)도 정당화되어야 하는가?

뿐만 아니라 자유주의자의 입장에서도 자식의 부모에 대한 책무를 설명할 수 있다. 이것은 선택의 문제이다. 자유주의를 신봉하는 자식도 부모를 봉양하는 것을 자신의 책무로 받아들일 수 있다. 그러나 그것은 어디까지나 선택의 문제이지 보편적 의무는 아니다. 부모를 잘 봉양하는 사람을 효자로 칭송할 수는 있지만, 그렇지 않은 사람을 도덕적으로 비난할 수는 없다. 물론 부모를 괴롭히는 자식은 도덕적으로 비난할 수 있다.

자유주의자들이 중시하는 것은 선택이 중요하다는 것이다. 아무리 좋은 미덕이라 할지라도 사회적으로 강제할 수는 없으며, 더구나 그것을 법으로 정하여 강제하는 것은 옳지 않다는 것이다. 우리는 자식이 부모에게 효도할 것을 권장하고 설득할 수는 있어도 강제할 수는 없다. 이것이 자유주의자의 기본적인 생각이다.

연대 없이는 설명할 수 없을까

대부분의 미국 사람들이 외국인의 이민을 제한해야 한다고 생각하는 이유가 오직 연대와 귀속의 의무에서 나온 것일까? 자국민에게 더 많은 혜택을 주고, 시민들이 모니터를 통해 국경을 지키는 행위를 연대 의무의 표현인 애국심 없이는 설명할 수 없을까? 샌델이 말하는 3번째 책무를 인정하지 않으면 이러한 현상을 설명할 수 없을까?

나아가 자유주의자는 샌델이 말하는 연대의 의무와 귀속의 의무를 설명할 수는 없을까? 합의를 통해 연대와 귀속의 책무를 지기로 했다고 설명할 수는 없을까? 자유주의자는 연대와 귀속의 책무를 인정하지 않는가? 연대와 귀속의 책무와 합의에 의한 책무 가운데 우리는 하나만을 선택해야 하는가? 연대와 귀속의 의무를 인정하기 위해서는 자유주의를 포기해야 하는가?

샌델은 책무를 세 가지로 구분하고 자유주의는 제3의 책무인 연대와 귀속의 책무를 포섭할 수 없다고 주장했다. 그러면서 제3의 책무인 연대와 귀속의 책무로밖에 설명할 수 없는 여러 도덕적 상황에 대한 예들을 제시했다.

샌델의 이러한 구분이 안고 있는 가장 심각한 문제점은 보편적 의무나 자발적 의무와 연대와 귀속의 의무는 그 성격이 다르다는 것이다. 우리는 보편적 의무와 자발적 의무를 지키지 않으면 도덕적으로 비난한다. 심지어 이 두 의무는 도덕적 차원에 머물지 않고 법적 규범으로 강화되어 강제되기도 한다. 그러나 연대와 귀속의 의무는 그 성격이 다르다. 우리는 샌델이 연대와 귀속의 의무에 속한다고 주장하는 사례들을 사람들이 행하지 않는다고 해서 도덕적으로 비난하거나 법적으로 강제하지는 않는다.

부모를 잘 모시지 않고 그저 인격적 관계를 유지한다고 해서 비난하지 않는다. 부모에게 피해를 주는 행위는 비난하고, 극진하게 효도하는 사람들을 칭찬하지만, 그저 보통의 관계를 유지하는 사람들을 도덕적으로 비난하지는 않는다.

샌델이 예로 든 조종사나 국경 수비의 경우도 동일하다. 따라서 우리는 샌델의 의무에 대한 세 가지 구분을 받아들이기 어렵다. 뿐만 아니라 샌델이 제3의 책무 없이 설명하거나 이해할 수 없다고 말한 도덕적 상황을 자유주의자들은 이해하고 설명할 수 있다.

연대의 의무는 편애일까

샌델은 우리에게 가족, 동료, 시민에 대한 특별한 의무가 있다는 생각에 모두가 동의하는 것은 아니라는 것을 인정한다. 소위 연대의 책무라는 것은 집단 이기주의, 즉 자기 사람만 챙기는 편애(偏愛)를 그대로 드러내는 사례라고 주장하는 사람도 있기 때문이다. 우리가 다른 사람보다 자기 가족, 친구, 동료를 더 생각한다는 사실은 연대의 책무에 비판적인 사람들도 인정하기는 하나 자기 사람에게만 특별히 관심을 두는 태도는 편협하고 내부 지향적이어서, 애국심이나 형제애라는 이름으로 가치를 인정할 것이 아니라 극복해야 한다고 주장한다는 것이다.

연대와 귀속의 책무에 대한 이러한 비판에 대해 샌델은 반드시 그렇지는 않다고 말한다. 연대와 귀속의 의무는 내부만이 아니라 외부로도 향한다는 것이다. 내가 사는 특정 공동체에서 나오는 특별한 의무 가운데 일부는 같은 공동체 사람에게 내가 지는 의무라는 것이다. 하지만 나머지는 내가 속한 공동체가 역사적으로 도덕적 책임을 져야 하는 사람들에 대해 지는 의무라는 설명이다. 독일인이 유대인에게, 미국 백인이 미국 흑인에게 져야 하는 책임이라는 것이다. 역사적으로 잘못된 행위에 대한 집단적 사죄와 보상은 연대의식이 내가 속한 공동체가 아닌 다른 공동체에게도 도덕적 책임을 지게 하는 좋은 예라는 것이다. 내 나라가 저지른 과거의 잘못에 대해 배상하는 일은 내 나라에 충성을 맹세하는 것이라는 것이다.

샌델의 이러한 주장을 어떻게 이해해야 할까? 국가가 역사적으로 저지른 잘못에 대해서는 국가가 책임을 지고 보상한다. 예를 들면, 우리나라에서도 권위주의 시대에 공권력의 이름으로 범한 잘못을 나중에 국가가 대신해서 사과하고 배상했다. 이것은 권위주의 시대 정치인들이 범한 잘못을 국가가 국가의 이름으로 사과하고 보상한 것이다. 이것을 개인의 책임이나 집단의 책임으로 보는 것은 아니다. 독일이 유대인에게 저지른 잘못에 대해 책임지고 보상하는 것은 국가의 이름으로 하는 것이지 개개인이나 특정 집단이 하는 것은 아니다. 우리는 과거의 잘못에 대해 특정 집단이나 그 나라에 속한 개인에게 사과하고 책임질 것을 요구하지는 않는다. 책임은 현재의 국가가 과거에 잘못을 범한 국가를 대신해서 하는 것이지 현재의 집단이나 개인이 하는 것은 아니다. 사과하는 것은 연속성을 지닌 국가의 책무일 수는 있어도 개인의 책무는 아니다.

샌델은 연대의식은 같은 국민 또는 자국 정부의 조치를 비판하는 특별한 이유를 제공하기도 한다고 말한다. 그리고 사람들이 1970년대에 베트남전쟁 반대 운동을 전개하였던 것을 소개한다. 그에 따르면, 사람들은 이 전쟁이 부당하다고 생각하였다. 또 다른 이유는 미국인이 감당해야 할 가치가 없을 뿐만 아니라 미국 국민에게 어울리지 않는 것이라는 생각 때문이었다. 샌델은 첫 번째 이유는 전쟁에 반대하는 사람이라면 누구나 가질 수 있다고 말한다. 반면에 두 번째 이유는 전쟁에 책임이 있는 나라의 시민만이 느끼고 주장할 수 있다고 말한다. 오직 미국 사람만이 그 전쟁을 부끄러워한다는 것이다. 샌델은 이런 설명을 하면서 자부심과 수치심은 정체성을 공유한다는 전제로부터 나오는 도덕감정이라고 말한다.

그러나 베트남전쟁에 대해 다른 생각을 가지고 있었던 미국인에게도 이런 논리를 적용할 수는 없다. 베트남전쟁을 자랑스러워하는 사람들은 다른 이유에서 그렇게 할 것이다. 미국과 자신을 동일시하지 않더라도 개인적으로 전쟁 참여에 대해 긍정적인 생각을 가질 수 있다. 또 개인적으로 베트남전쟁에 수치심을 가질 수도 있다. 그리고 베트남전쟁에 대해 아무런 감정을 가지고 있지 않은 미국인도 있을 수 있다.

샌델은 여러 가지 예를 제시하면서 가족과 동료 시민의 행동에서 자부심과 수치심을 느낀다는 것은 집단 책임과 관계가 있다고 말한다. 미국인이 여행을 하다가 볼썽사납게 행동하는 미국인을 보게 되면 개인적으로 그와 모르는 사이라 할지라도 수치심을 느낀다고 말한다. 다른 사람은 눈살을 찌푸리겠지만 수치심을 느끼지는 않을 것이라고 말한다. 자부심과 수치심은 우리 자신을 어딘가에 소속된 자아로 인식하는 데서 오는 감정이라는 것이다. 우리는 자신의 선택과 관계없이 도덕적으로 한데 묶여 있으며, 도덕적 행위자로서 우리와 이야기적으로 관련된 사람들이라고 말한다.

그런데 샌델의 이러한 논리는 문제가 있어 보인다. 여기서 든 예들은 도덕이나 정의와 무관하다. 그리고 그 상황에 대해 미국인라고 모두 동일한 감정을 느끼는 것은 아니다. 동일한 상황에 대해 서로 상반되는 감정을 가진다고 해서 어떤 사람은 옳은 행동을 하고 다른 사람은 그른 행동을 한다고 할 수 없다. 게다가 이것은 연대감이라기보다는 동일시에서 오는 감정이다.

샌델은 수치심과 자부심이라는 윤리와 집단적 책임이라는 윤리는 밀접하게 연관되어 있다고 주장한다. 그러면서 개인주의를 근거로 집단적 사죄를 거부하는 보수 정치인들의 모습은 당황스럽다고 말한다. 개인은 단지 자신의 선택과 행동만 책임지면 충분하다고 고집한다면 미국의 역사와 전통에 자부심을 느끼기도 어렵다고 말한다.

샌델은 미국인이 아니라도 미국의 독립선언, 미국의 헌법, 링컨의 게티즈버그의 연설, 알링턴 국립묘지에 잠든 영웅 등을 존경하거나 칭송할 수 있다고 말한다. 그러나 애국적 자부심을 느끼려면 세월을 뛰어넘어 공동체에 소속감을 느낄 수 있어야 한다고 주장한다.

소속감에는 책임감도 동반한다고 주장한다. 샌델은 내 나라의 과거를 현재로 가져와서 도덕적 부채를 해결할 책임을 인정하지 않는다면, 내 나라와 역사에 진정한 자부심 또한 느낄 수 없다고 주장한다. 샌델은 소속감과 책임감을 연결시켜 도덕을 이야기하지만 이것은 분리될 수도 있다. 자신이 소속된 집단이나 나라에 대해 수치심과 자부심을 느끼는 감정은 도덕적 판단의 대상이 아니다.

앞에서 살펴본 대부분의 사례에서, 샌델이 말하는 요구는 자연적 의무나 인간의 권리와 대립하기보다는 그것을 보완하는 것으로 보인다. 따라서 이런 사례들은 자유주의 철학자들도 기꺼이 인정하는 다음과 같은 논점을 강조한다. 우리가 다른 사람의 권리를 침해하지 않는다면 가족 구성원이나 동료 시민과 같이 가까이 있는 사람들을 도움으로써 다른 사람을 돕는 일반적 의무를 수행할 수 있다. 부모가 다른 아이가 아니라 자신의 아이를 구하는 행위는, 그가 모르는 다른 아이에게 해를 끼치지 않는다면, 아무런 잘못이 아니다. 마찬가지로 부유한 나라가 다른 나라 사람들의 인권을 존중하면서, 자신의 국민에게 후한 복지를 제공하는 것은 전혀 잘못이 아니다. 자유주의자도 자연적 의무를 위반하지 않는 범위에서 인간 존중의 차원에서 기꺼이 연대의 책무를 지고자 한다. 연대의 책무는 자연의 의무를 위반하는 경우에 한해서만 지탄받는다.

그러나 인간을 이야기하는 존재로 보는 인간관이 옳다면, 연대의 책무는 자유주의자의 인간관보다 더 많은 것을 요구할 수 있다. 곧 연대의 책무는 자연적 의무를 넘는 지나친 요구를 할 수 있는 것이다.

도덕적 개인주의와 역사적 책임

샌델은 우리가 개인주의가 아니라 공동체주의의 입장에 설 때에만 과거 조상들이 행한 잘못에 대해 사과할 수 있다고 말한다. 미국이 흑인에게 행한 잘못을 사과하고 보상하는 것, 독일이 나치가 저지른 죄악에 대해 사과하고 보상하는 것은 오직 공동체주의적인 입장을 견지할 때에만 가능하다는 것이다. 이런 맥락에서 보면, 일본이 위안부에 대해 사과하고 배상하는 것은 공동체주의를 견지할 때에만 가능한 것이 된다. 과연 그럴까?

샌델은 과거 역사의 부당한 행위에 대해 후손이 사과할 필요가 없다고 주장하는 사람들을 도덕적 개인주의자로 부른다. 도덕적 개인주의자들은 앞선 세대가 저지른 잘못을 현 세대가 사과할 필요가 없으며, 사과할 수도 없다는 것이다. 사과한다는 것은 결국 부당행위에 대한 책임을 떠맡는다는 것이다. 나는 내가 하지도 않은 일에 대해 사과할 수는 없다. 그렇다면 내가 태어나기도 전에 발생한 일에 대해 내가 어떻게 사과할 수 있겠는가?

이들의 일관된 주장은, 현 세대가 이전 세대의 행위에 대해 공식 사과해야 할 책임이 없다는 것이다. 내가 태어나기도 전에 일어난 일에 대해 책임지기 위해서 현 세대가 경제적 부담을 지는 것은 더욱 부당하다고 본다. 도덕적 책임이 있다면 그 책임은 당사자의 몫이지 후손의 몫이 아니라는 것이다. 도덕적 책임의 주체는 본인이기 때문에 자신의 행동에 대해서만 책임이 있고 다른 사람의 행동에 대해서는 책임질 필요가 없다는 것이다.

샌델의 분석에 따르면, '도덕적 개인주의'는 인간을 이기적 존재로 보지 않는다. 그보다도 자유의 의미에 초점을 맞춘다. 도덕적 개인주의자들에게 자유란 내가 자발적으로 초래한 의무에만 구속되는 것이다. 내가 다른 사람에게 빚을 졌다면, 그것은 내가 합의하였기 때문이다. 샌델은 도덕적 개인주의는 자유주의적 사고의 결과라고 못 박는다. 자유주의적 사고에 따르면, 도덕적 행위자인 우리는 자유롭고 독립적인 존재이며, 기존 도덕의 속박을 받지 않고 자신의 목적을 스스로 선택할 수 있다. 우리를 강제할 수 있는 도덕적 의무의 원천은 관습이나 전통이나 지위가 아니라 개인의 자유로운 선택뿐이다.

샌델은 자유에 대한 이런 생각에는 집단적 책임의식, 선조들이 범한 부당한 행위에 대해 내가 도덕적 책임을 져야 한다는 의무감이 들어설 여지가 없다고 주장한다. 도덕적 개인주의자들은 앞선 세대가 저지른 죄를 보상할 책임을 전혀 느끼지 않는다. 그 죄는 그들의 죄이지 나의 죄가 아니기 때문이다.

그는 자유에 근거한 책임뿐이라는 개인주의자들의 입장은 오늘날 여러 정의론에 자리 잡고 있다고 말한다. 그는 이런 견해가 문제 있다고 느끼면서 공적인 삶의 근본적인 특징을 생각해야 한다고 주장한다.

샌델은 현대 정의론이 기초하고 있는 합의와 자유로운 선택이라는 개념은 근대의 소산이라고 말한다. 선택하는 자아의 초기 개념은 존 로크에서 나왔는데, 그는 합헌(合憲) 정부는 합의에 근거해야 한다는 사회계약설(社會契約說)을 내세웠다. 우리는 자유롭고 독립적인 존재이지 아버지의 권위나 왕의 권력에 구속되는 존재가 아니다. 그는 우리는 "선천적으로 완전히 자유롭고 평등하고 독립적이기 때문에 어느 누구도 자신의 동의 없이 이 상태를 벗어나 다른 이의 정치력에 구속될 수 없다"고 하였다.

샌델은 로크의 뒤를 이어 칸트도 선택하는 자아의 개념을 강력하게 제시했다고 본다. 칸트는 공리주의에 맞서 우리를 취향과 요구의 총체 이상의 존재로 보아야 한다고 했다. 자유롭다는 것은 자율적이라는 의미이고, 자율적이라는 것은 자기 스스로 부여한 법칙에 지배된다는 의미이다. 샌델은 칸트식의 자율은 합의보다 더 엄격하다고 생각한다. 내가 도덕법에 따르는 것은 일시적인 욕구나 충성 의지가 아니라 이해관계와 애착에서 벗어나 순수 실천이성을 따르는 것이다.

나아가 샌델은 존 롤스도 칸트의 자율적 자아 개념을 수용하여 자신의 정의론을 이끌어냈다고 해석한다. 칸트와 마찬가지로 롤스도 우리의 선택에는 도덕적으로 우연적인 요소들이 많이 개입된다고 하였다. 예를 들어 나의 노동력을 착취하는 공장에서 일하기로 내가 선택했을 때, 이 선택은 어려운 경제 사정에서 나온 선택이지 자발적인 의지에서 나온 진정으로 자유로운 선택이 아니라는 것이다. 이것이 바로 롤스가 실제 합의가 아니라 가상적 합의에서 자신의 정의론을 이끌어낸 이유라는 것이다.

샌델은 자율적 의지에 대한 칸트의 생각과 무지의 장막 뒤에서 이루어지는 가상적 합의라는 롤스의 생각 뒤에는 '특정한 목적이나 애착에 구속되지 않는 도덕적 행위자를 설정하는' 공통점을 지니고 있다고 설명한다. 칸트나 롤스는 지금 이 세상에서 자신을 규정하는 역할이나 정체성을 고려하지 않는다.

샌델은 이러한 사실을 역사적 책임과 사죄에 연결시킨다. 우리가 특정한 정체성을 배제한다면 오늘날 독일인이 유대인 대학살을 배상할 책임이 있다거나, 현세대의 미국인이 노예제나 인종차별 정책의 잘못을 배상할 특별한 책임이 있다고 주장하기 어렵다. 그 이유는 독일인이나 미국인이라는 정체성을 떼어놓고 나를 자유롭고 독립된 자아라고 생각한다면, 그와 같은 역사적 부당함을 배상해야 할 책임이 내게 있다고 말할 근거가 없기 때문이다.

샌델은 자유롭고 독립적인 자아라는 생각은 여러 세대에 걸친 집단적 책임의 문제에 그치지 않고 훨씬 광범위하게 영향을 미친다고 주장한다. 도덕적 행위자라는 개념과 그 행동방식은 정의에 대한 전반적인 생각에 중요한 영향을 미친다. 우리가 선택할 자유를 지닌 독립적 존재라는 개념은 권리를 규정하는 정의의 원칙이 특정 도덕이나 종교적 사고에 기반을 두어서는 안 된다는 생각을 지지한다. 인간은 선택할 자유를 지닌 독립적 존재라는 원칙은 좋은 삶을 규정하는 여러 시각과 독립적으로 설정되어야 한다.

그러나 자유주의자의 입장에서 이 문제는 다르게 접근하고 해결할 수 있다. 과거 역사의 일은 내가 직접 개입하지 않았다는 측면에서 현재를 살아가는 어느 개인에게 책임을 물을 수는 없다. 과거의 일은 현재 개인의 책임은 아니다. 그리고 그 당시 개인이 그 일에 참여했다고 할지라도 그것이 그 당시 개인의 책임인지에 대해서도 논란은 있을 수 있다. 그 당시에는 도덕적 법적 관점에서 그것이 아무런 문제가 되지 않을 수도 있었기 때문에 오늘날의 기준으로 과거의 세계관이나 사건을 판단하는 것은 시대착오적일 수 있다. 그리고 개인이 개인으로서가 아니라 조직의 일원으로 어떤 일에 참여했다면, 그것을 전적으로 개인의 책임으로 돌리는 것은 자유주의자의 관점에서 볼 때 온당한 처사가 아니다. 조직의 일원으로 조직의 논리에 따라, 그 조직이 국가였다면 국가의 논리에 따라, 행동했을 수 있다. 그것을 개인의 책임으로 돌려서 개인을 비난하는 것은 실효성이 없다.

개인이 아닌 조직이나 국가의 책임이라면, 오늘날 과거의 잘못을 사과하고 보상하는 것은 조직이나 국가일 수는 있다. 국가도 하나의 인격체로서 영속적으로 존재하기 때문이다. 영속성을 가진 존재가 국가이기 때문에 국가 차원에서는 사과와 보상을 할 수 있다. 물론 보상에 들어가는 돈은 현대인이 부담하겠지만, 그것은 과거에 받은 상속금의 일부일 수 있다. 따라서 비용을 오늘날의 사람이 온전히 부담한다고 말하기는 어렵다. 한국과 일본 사이의 과거사 문제를 생각해 보자. 아무리 자유주의자라고 할지라도 일본이 과거사에 대한 책임을 질 필요가 없다고 하지는 않는다. 국가와 개인을 구별해서 생각해 보면 이 문제에 대한 해결의 실마리를 찾을 수 있다.

우리는 공동체주의가 아니라 도덕적 개인주의의 입장을 취해도 국가가 저지른 잘못에 대해 사과하고 배상할 수 있다. 노직의 시정(是正)의 원리를 적용하면 가능하다. 사죄와 배상은 다른 문제이다. 배상은 상속을 받았기 때문이다. 재산의 부당한 취득은 시정의 원리에 의해 바로 잡아야 한다.

제4부
'정치의 중립성' 비판

샌델 철학의 출발점은 롤스에 대한 비판이다. 롤스는 1972년 『정의론』을 발표한 이후 철학계에서 어느 누구도 범접할 수 없는 명성을 유지하고 있었다. 롤스의 정의론과 정치철학은 당시 미국자유주의 공공철학으로 미국사회에 결정적인 영향력을 행사하였다. 이런 상황에서 샌델은 20대 말에 그의 철학에 도전하여 철학자로서 롤스 비판가로 명성을 얻게 되었다.

샌델은 롤스의 정의론을 칸트에서 유래하는 자유주의 정치철학으로 규정하고 이들의 공동 전제를 찾아내고 비판했다. 샌델은 롤스가 중시하는 '정의의 원리'와 '개인의 권리'가 '덕(德)'과 '좋은 삶'에 대한 경쟁적 이론으로부터 중립을 지키면서 정의될 수 있는가 하는 문제를 제기하였다. 샌델의 대답은 그럴 수 없다는 것이다.

그럼에도 불구하고 롤스의 정치철학은 사람들이 좋은 삶의 의미에 대해 서로 의견을 달리하는 오늘날과 같은 다원주의(多元主義) 사회에서 우리는 헌법 또는 법률에 좋은 삶에 대한 어떤 형태의 특별한 개념을 명시해서는 안 된다고 주장한다. 롤스는 정의로운 사회를 탐

색하면서 사람들의 특별한 도덕적 정신적 믿음과 무관한 정의론을 만들었다.

샌델은 이러한 롤스의 정치철학에 '정치의 중립성'이라는 이름을 붙이고, 이에 반대하면서 좋은 삶에 대한 중립적인 정의론을 찾아내는 것은 가능하지도 바람직하지도 않다고 주장한다. 1980년대 초 샌델이 롤스와 자유주의의 '정치의 중립성' 테제에 대한 비판은 그 이후 정치철학의 쟁점이 되었다.

정치의 목적은 무엇인가

정치결사체의 목적은 무엇인가. 그런데 오늘날 우리들은 정치에 특별하고 본질적인 목적이 존재한다고 믿지 않는다. 시민이 지지할 수 있는 여러 목적에 열려 있다고 생각한다. 정치공동체마다 서로 다른 문제에 초점을 맞추고 있다. 정치공동체의 목적을 미리 부여하는 것은 시민이 직접 결정할 권리를 빼앗는 것처럼 보인다. 또한 모든 사람이 공유할 수 없는 가치를 부여할 위험도 있다. 정치의 텔로스(*telos*), 즉 목적을 단정하지 않으려는 경향에는 개인의 자유를 배려하려는 생각이 반영되어 있다.

그러나 샌델은 아리스토텔레스는 정치를 그렇게 보지 않았다고 말한다. 샌델은 정치의 목적은 어떤 목적에 중립적인 권리의 틀을 만드는 것이 아니라 좋은 시민을 양성하고 좋은 자질을 배양하는 것이라고 해석한다. 아리스토텔레스는 정치공동체의 목적은 오로지 재산을 보호하고 경제를 번영시키는 것이 아니라고 주장한다. 그에게 있어서 정치의 목적은 시민의 미덕을 키우는 것이다. 국가의 목적은 "상호 방위를 위해 동맹을 체결하거나 …… 상호 거래를 원활하게 하고 경제 교류를 촉진하는 것"이 아니라는 것이다.

아리스토텔레스에게 있어서 정치는 어떻게 하면 좋은 삶을 살 것인가에 관한 것이다. 정치의 목적은 사람들의 고유한 능력과 미덕을 계발하게 하는 것이다. 즉, 샌델은 공공선을 고민하고, 판단력을 기르며, 시민 자치에 참여하고, 공동체 전체의 운명을 보살피게 하는 것이라고 말한다. "폴리스의 목적과 목표는 좋은 삶이며, 사회생활을 위한 여러 제도는 그 목적을 위해 존재한다."는 것이다.

아리스토텔레스는 폴리스를 '지배하는 자가 지배받고 지배받는 자가 지배하는' 곳이라고 정의하였다. 인간은 폴리스를 떠나서는 인간이 될 수 없고, 폴리스 안에서 자신을 실현하는 존재라는 아리스토텔레스의 인간관은 인간을 사적인 개인의 이익이 아니라 공익을 추구해야 하는 존재로 규정한다. 공공의 일에 참여한다는 것은 공적 이익을 먼저 추구한다는 의미이고, 공적 이익의 추구는 인간이 자신의 목적을 실현하기 위해 필요한 덕이다. 폴리스 곧 공화국이 존립하고 운영되기 위해서는 덕 있는 시민들의 참여가 필수적이다. 공익을 추구하는 덕스러운 시민의 좋은 삶과 공화국은 한 몸이다.

정치가 좋은 삶을 장려하기 위해 존재한다면, 그것이 공직과 명예의 분배에 대해 암시하는 것은 그것을 가장 잘하는 사람에게 분배하는 것이다. '이러한 특성을 가진 결사체에 가장 크게 기여하는 사람'은 바로 시민의 미덕이 탁월한 사람, 공공선을 고민하는 데 가장 뛰어난 사람이다. 시민의 자질이 가장 뛰어난 사람이 정치적 인정과 영향력을 가장 크게 가질 가치가 있는 사람이다.

아리스토텔레스는 정치의 목적은 좋은 삶을 위한 것이기 때문에, 최고 공직과 명예는 페리클레스처럼 시민으로서의 미덕이 가장 뛰어나고 공공선을 가장 잘 이해하는 사람에게 돌아가야 한다고 보았다. 재산이 있는 사람들도 발언권이 있어야 하고, 다수결주의자들의 생각도 어느 정도 중시되어야 하지만, 최고의 권력은 무엇보다 스파르타와 전쟁을 치러야 하는지, 치러야 한다면 언제 어떻게 치러야 할지를 결정할 자질과 판단력이 있는 사람에게 돌아가야 한다고 생각했다.

샌델에 따르면, 페리클레스나 에이브라함 링컨과 같은 사람이 최고 공직과 명예를 누려야 하는 이유는 단순히 그들이 현명한 정책을 시행해서 모든 사람을 잘 살게 했기 때문이 아니라는 것이다. 정치공동체의 존재 의미는 시민의 미덕에 대한 명예와 포상을 안겨주기 위함이기 때문이다. 정의는 정치의 목적과 명예와 관련이 있기 때문에 샌델은 아리스토텔레스를 재해석하여 자신의 정의론의 철학적 근거로 삼으려고 하였다.

정치에 참여해야 좋은 사람인가

샌델은 오늘날에는 정치를 좋은 삶에 꼭 필요한 요소가 아니라 필요악(必要惡)쯤으로 여긴다고 주장한다. 정치라고 하면 타협, 가식, 특수 이해관계, 부패를 연상한다. 정치를 사회정의를 실현하기 위한 도구로 여기는 경우에도 정치를 목적 달성을 위한 수단으로 여길 뿐, 인류의 선(善)을 구현하기 위한 필수요소로 여기지 않는다.

그런데 아리스토텔레스는 왜 정치 참여를 좋은 삶을 위해 꼭 필요하다고 했을까? 왜 정치 없이는 훌륭하고 미덕이 가득 찬 삶을 살 수 없다고 했을까? 그 답은 아리스토텔레스가 생각한 인간의 본성에서 나온다. 그에 의하면, 인간은 폴리스에 살면서 정치에 참여할 때에만 인간으로서의 본성을 충분히 발휘할 수 있다.

샌델은 아리스토텔레스가 그렇게 생각한 이유를 언어(言語) 사용에서 찾는다. 인간은 다른 동물과 달리 언어를 유창하게 구사하는 능력이 있다. 다른 동물들도 소리를 내어 쾌락과 고통을 나타내지만, 인간 고유의 특징인 언어는 단지 쾌락과 고통을 나타내는 것으로 끝나지 않는다. 인간은 언어를 통해 무엇이 공정하고 불공정한지를 선언하고, 옳고 그름을 구별한다. 언어는 선(善)을 식별하고 고찰하는 매체라는 것이다.

아리스토텔레스는 우리는 오직 정치 결사체를 통해서만 언어라는 인간 고유의 특성을 발휘한다고 주장했다. 우리는 폴리스에 있을 때에만 다른 사람들과 함께 정의와 부정의를 분별하고 좋은 삶의 본질에 대해 고찰할 수 있기 때문이다. 그는 『정치학 *The Politics*』에서 "우리는 폴리스가 선천적으로 존재하며, 개인에 앞선다는 사실을 알 수 있다."고 하였다. 샌델은 '앞선다'는 표현은 기능이나 목적의 의미로 앞선다는 것이지, 순서상 앞선다는 뜻은 아니라고 해석했다. 개인, 가족, 친족은 폴리스보다 먼저 존재했다. 그러나 인간은 폴리스에 살 때에만 비로소 본성을 실현한다. 우리는 고립되어 자족할 수 없다. 언어 능력과 사유 능력을 발휘할 수 없기 때문이다.

하지만 샌델은 왜 아리스토텔레스는 오직 정치에서만 언어력과 사고력을 발휘할 수 있다고 생각했는가? 하고 묻는다. 가족, 친족, 또는 다른 모임에서는 그렇게 할 수 없을까? 샌델은 이 질문에 답하려면 아리스토텔레스의 『니코마코스 윤리학』에서 제시한 미덕과 좋은 삶에 대해 생각해 보아야 한다고 말한다. 미덕의 습득이 시민이 되는 것과 어떤 관련이 있다는 것이다. 도덕적 삶은 행복을 추구하지만, 아리스토텔레스가 말하는 행복은 공리주의적 행복이 아니다.

덕 있는 사람은 올바른 것에 쾌락을, 올바르지 않은 것에 고통을 느끼는 사람이다. 도덕적 탁월성은 쾌락과 고통의 총합을 따져보는 데서 오는 것이 아니라, 그것을 구별하고 고상한 것에서 기쁨을, 비도덕적인 것에서 고통을 느끼는 데서 온다. 행복은 마음의 상태가 아니라 존재 방식이며, '미덕에 부합하는 영혼의 활동'이다.

샌델은 왜 미덕이 가득 찬 삶을 살려면 폴리스에 살아야 하는가라고 묻는다. 집에서, 철학 수업에서, 또는 윤리에 관한 책을 읽고 그 내용을 필요한 것에 적용하면서 건전한 도덕철학을 배울 수도 있지 않을까? 아리스토텔레스는 그러한 방식으로는 미덕을 갖출 수 없다고 주장한다. '도덕적 미덕은 습관의 결과로 생긴다.' 미덕은 행동으로 배우게 되는 것이다. "예술이 그러하듯이 미덕은 무엇보다도 실천을 통해 얻을 수 있다"는 것이다. 샌델은 이러한 물음을 통하여 아리스토텔레스는 왜 정치를 삶의 필수적인 요소라고 생각했는지 확실하게 알 수 있게 되었다고 설명한다.

첫째 폴리스의 법은 우리에게 좋은 습관을 심어주고, 좋은 인격을 형성하며, 시민의 미덕을 길러준다.

둘째, 시민으로서의 삶은 심사숙고하는 능력과 실천적 지혜를 발휘하게 한다. 우리는 폴리스에서 대안(代案)을 저울질하고, 우리 생각을 논의하고, 통치하고 통치받을 때에만, 한 마디로 시민이 될 때에만 심사숙고하고 능숙해진다.

샌델은 아리스토텔레스의 이러한 정치관을 계승하여 정치가 시민의식을 형성하는 데 기여해야 한다고 주장한다. 올바른 정치는 시민의식을 기르는 '형성적(形成的, formative) 정치'여야 한다는 것이다.

샌델은 아리스토텔레스가 말하는 시민은 오늘날 우리가 생각하는 시민보다 더 숭고하고 엄격한 의미의 존재라고 말한다. 아리스토텔레스의 정치는 여러 면에서 경제와 다르다. 정치의 목적은 공리를 극대화하거나 개인의 이익을 추구할 수 있는 공정한 규칙을 만드는 것이 아니다. 정치의 목적은 우리의 본성을 표현하고, 좋은 삶의 본질과 인간의 능력을 펼쳐 보이는 것이다.

정부의 도덕으로부터의 중립

정부는 좋은 삶이 무엇인가에 대해 중립을 지켜야 한다고 생각한다면 이것은 고대의 정치 개념에서 벗어난 것이다. 아리스토텔레스에게 있어서 정치의 목적은 경제적 교환을 쉽게 하거나 국가 방위를 공동으로 책임지는 것뿐만 아니라 사람들이 좋은 성품을 갖도록 교화하고 좋은 시민이 되도록 하는 것이었다. 따라서 정의에 관한 논의는 좋은 삶에 대한 논의를 피할 수가 없다. 아리스토텔레스는 "우리가 이상적인 국가체제를 탐구하기 전에, 우선 가장 바람직한 삶의 방식이 무엇인가를 결정해야 한다. 그것이 분명하지 않으면 이상적인 국가체제의 본질 또한 분명하지 않은 상태로 남을 수밖에 없다"고 하였다.

그러나 오늘날에는 정치가 미덕을 키우는 것이라는 말은 많은 사람들에게 생소하고 위험한 주장으로 들린다. 누가 무엇이 미덕이라고 말해야 하는가? 사람들이 이것에 동의하지 않는다면? 만약 법이 어떤 도덕적이고 종교적인 이상을 증진시키려고 하면, 불관용과 강제가 동원되지 않을 것이라고 장담할 수 없다. 우리가 미덕을 권장하는 국가를 생각할 때, 가장 먼저 떠오르는 국가는 아테네의 폴리스가 아니라 간통한 자에게 돌을 던지고, 부르카를 의무적으로 두르게 하고, 마녀사냥을 하는 종교적 근본주의 국가이다.

칸트와 롤스는 종교적으로든 세속적으로든 좋은 삶의 개념에 의존하는 정의론은 자유와 잘 어울리지 않는다고 생각했다. 이런 정의론은 사람들에게 다른 사람의 가치를 강요함으로써 인간을 자기 목표를 선택할 능력이 있는 자유롭고 독립적인 자아로 존중하지 않는다. 자유롭게 선택하는 자아라는 개념은 중립적 국가와 잘 어울린다. 어떤 목적에 구속되지 않는 옳음의 틀이 필요한 이유는 우리가 자유롭고 독립적인 자아를 가지고 있기 때문이다. 이러한 중립적 상태에서 시민들은 도덕적·종교적 논쟁에서 어느 쪽으로부터도 강요당하지 않고 스스로 자신의 가치를 선택할 자유를 누린다.

칸트와 롤스는 도덕적 상대주의자가 아니다. 사람들은 자신의 목적을 스스로 결정할 수 있는 자유를 가져야 한다는 주장은 그것 자체로 강력한 도덕적 사고이다. 하지만 이것은 당신이 당신의 삶을 어떻게 살아야 하는가에 대해서는 말해주지 않는다. 당신이 어떤 목적을 추구하든, 그렇게 할 수 있는 다른 사람의 권리를 존중하면서 당신의 목적을 추구하라고 요구할 뿐이다. 중립적 틀은 그것이 정확하게 선호해야 할 삶의 방식이나 좋음에 대한 관념을 강요하지 않는다는 점에서 매력적이다.

칸트와 롤스는 자신들이 특정한 도덕적 이상을 지지한다는 사실을 부정하지 않는다. 즉, 그들은 옳음에 대한 특정의 관념을 가지고 있는 정의론에 반대한다. 공리주의가 그러한 이론이다. 공리주의는 쾌락 또는 복지의 극대화를 선으로 여기면서, 어떤 좋음의 체계가 그것을 달성할 수 있는지를 묻는다. 아리스토텔레스는 좋음에 대한 전혀 다른 이론을 제시한다. 좋음에 대한 이론은 쾌락의 극대화가 아니라 인간의 본성을 실현하고 인간의 고유한 능력을 계발하는 것에 대한 것이다. 아리스토텔레스의 추론은 좋은 삶에 대한 어떤 개념으로부터 추론한다는 점에서 목적론적(目的論的)이다.

칸트와 롤스는 이러한 목적론적 사고를 거부한다. 두 사람은 옳음이 좋음보다 앞선다고 주장한다. 이들은 우리의 의무와 권리를 구체화하는 원리는 좋은 삶에 대한 어떤 특정 개념에 기초해서는 안 된다고 생각한다. 칸트는 "도덕의 최고 원리에 대한 철학자들의 혼란"에 대해 말하였다. 고대 철학자들은 "자신들의 윤리학적 탐구를 최고선의 개념을 정의하는 일에 쏟으며", 이 선에 근거하여 "도덕 법칙의 토대를 결정하려고 하는" 잘못을 범했다. 칸트에 따르면 이것은 앞뒤가 바뀐 것이며, 자유와도 어울리지 않는다. 만일 우리가 우리 자신을 자율적인 존재로 생각한다면, 우리는 도덕 법칙을 먼저 정해야 한다.

의무와 옳음을 규정하는 원칙을 먼저 설정해야 우리는 그 원칙에 맞는 선(善)이 무엇인지를 물을 수 있다고 생각했다.

롤스 역시 정의의 원칙과 관련하여 칸트와 비슷한 이야기를 했다. "평등한 시민의 자유는 목적론적 원칙에 근거할 때 위태롭다." 공리주의적 계산에 따라 권리가 정해지면 권리가 얼마나 취약해지는지 알 수 있다. 공리주의적 계산에 따른다면 절대다수가 소수의 종교를 억압할 수 있다.

롤스와 칸트가 비판한 것은 공리주의 정의론만이 아니다. 옳음이 좋음에 앞선다고 생각하면, 아리스토텔레스의 정의론은 받아들일 수 없다. 아리스토텔레스에 따르면 정의를 추론하기 위해서는 문제시된 선의 텔로스(*telos*), 본질을 먼저 알아야 한다. 정당한 정치 질서를 고민하려면, 좋은 삶의 본질부터 따져야 한다. 최선의 삶의 방식을 알아야 우리는 국가체제의 틀을 짤 수 있다. 롤스는 "목적론적인 이론구조는 치명적인 오류를 범하고 있다. 목적론은 처음부터 옳음과 좋음을 잘못 연관시킨다. 좋음을 독립적으로 먼저 규정하고, 그에 따라 삶에 형식을 부여하려고 해서는 안 된다"고 말했다.

정의는 '좋은 삶'에서 출발하는가

샌델은 우리를 강제하는 도덕적 책무를 우리 스스로가 만든다는 계약론적 사고에 도전하는 사례를 제시하였다. 공개 사죄와 보상, 역사적 부당행위에 대한 집단적 책임, 가족과 동료 시민에 대해 느끼는 각별한 책임감, 동료와의 연대감, 내 마을이나 공동체 또는 국가에 대한 충성심, 내 나라 또는 우리 국민에게 느끼는 자부심과 수치심, 형제애와 자식의 도리에서 나온 충성심 등은 샌델이 제시한 예이다. 샌델은 이런 사례에서 발견되는 연대성의 요구는 도덕적이고 정치적인 경험에서 익숙한 모습이라고 말한다. 연대성의 요구를 거부하고 살아가는 것은 불가능할 뿐만 아니라 우리의 삶을 이해하기도 어렵게 한다고 주장한다. 샌델에 따르면, 그것은 도덕적 개인주의의 언어로 설명하기는 어렵다. 그것은 합의(合意)의 윤리로 설명할 수도 없다. 연대성은 도덕을 설명하는 힘을 가지고 있다. 연대성은 우리에게 도덕적 부담을 요구한다. 연대성은 이야기하는 존재, 위치 지워진 존재로서의 인간의 본성을 반영한다.

샌델은 공동체주의적인 입장을 취함으로써 인간의 본성에 대하여 구별되는 입장을 제시하였다. 인간은 이야기하는 존재, 위치 지워진 존재로 파악될 때 진정한 본성이 드러난다는 것이다. 그런데 인간의 본성에 대한 샌델의 새로운 주장이 정의와 무슨 상관이 있는가?

샌델은 인간의 본성에 대하여 새로운 견해를 제시함으로써 우리가 지고 있는 의무와 책임이 의지나 선택에만 귀속되는 것은 아니라는 것을 보여주려고 하였다. 그는 여러 가지 사례를 통하여 연대의 의무나 귀속의 의무는 우리의 자유 선택과 무관한 이유로 우리에게 의무를 부과한다. 그것들이 우리에게 의무를 부과할 수 있는 이유는 우리의 삶과 우리가 소속된 공동체를 해석하는 이야기에 있다는 것이다. 연대와 귀속의 의무는 우리가 특정 공동체에 소속되어 있기 때문에 나온다는 것이다.

이렇게 말하면서 샌델은 도덕적 행위자에 대한 이야기적 (narrative) 설명과 의지와 합의를 강조하는 설명 사이에 일어나는 문제가 정확히 무엇인가를 묻는다. 샌델은 한 가지 쟁점은 인간의 자유를 이해하는 방식에 있다고 주장한다. 그리고 연대와 귀속의 의무를 강조하는 샌델이 제시한 사례에 대해 거부감을 느끼는 사람들이 존재한다는 것을 부정하지 않는다.

샌델은 많은 사람들은 선택하지 않은 도덕에 사로잡히는 것을 좋아하지 않거나 그런 도덕을 신뢰하지도 않는다고 말한다. 샌델에 의하면, 그들은 애국, 연대, 집단적 책임을 요구하는 것에 대해 거부감을 표시하거나 그것들을 일종의 합의에서 나오는 것으로 재해석하려고 한다. 그들이 그러한 요구를 거부하거나 재해석하려고 하는 이유는 그렇게 해야 자유라는 익숙한 개념과 모순을 느끼지 않기 때문이라는 것이다. 이들에게 익숙한 자유 개념에 따르면, 우리는 자신이 선택하지 않은 도덕에 얽매일 필요가 없으며 자신을 강제하는 의무는 스스로 결정한 것이어야 한다. 샌델은 많은 사례를 통하여 이러한 자유의 개념에는 결함이 있다고 주장하였다. 그러나 자유만이 문제가 되는 것은 아니라고 말한다. 정의를 어떻게 생각하느냐가 문제가 된다는 것이다.

샌델은 정의에 대한 기존의 대표적인 두 이론을 소개하였다. 칸트와 롤스는 옳음(the right)이 좋음(the good)에 선행한다고 하였다. 인간의 의무와 권리를 정의(定義)하는 정의(正義)의 원칙은 좋은 삶에 대한 대립하는 여러 관념들 사이에서 중립을 지켜야 한다고 생각했다.

칸트는 도덕법칙에 도달하기 위해서는 우연히 결정되는 이해관계와 목적을 배제해야 한다고 주장하였다. 롤스는 정의를 고찰하기 위해서는 특정한 목적, 애착, 좋음에 대한 개념을 배제해야 한다고 주장했다. 무지(無知)의 베일 뒤에서 정의에 대해 생각해야 한다는 것이다.

샌델은 정의에 대한 이러한 생각은 정의에 대한 아리스토텔레스의 방식과 맞지 않는다고 말한다. 아리스토텔레스는 정의의 원리가 좋은 삶에 대한 여러 입장들 사이에서 중립을 지킬 수 있거나 지켜야 한다고 생각하지 않았다는 것이다. 그와 반대로, 아리스토텔레스는 정의로운 국가의 운영 원리는 선한 국민을 육성하고 선한 인격을 배양하는 것이라고 주장하였다. 아리스토텔레스는 사회가 배분하는 공직, 명예, 권리, 기회와 같은 것들을 고려하지 않고서는 정의를 숙고하는 것이 가능하지 않다고 생각했다는 것이다.

샌델은 칸트와 롤스가 아리스토텔레스의 정의에 대한 사고방식을 거부한 이유 가운데 하나는 아리스토텔레스의 정의론은 자유의 여지를 남겨주지 않았다고 생각했기 때문이라고 설명한다. 그들은 좋은 인격을 배양하거나 좋은 삶에 대한 특별한 개념을 지지하는 국가의 운영체제는 사람들에게 다른 사람의 가치를 강요할 위험성이 있다고 보았다. 그런 국가 운영체제는 사람들을 그들 자신의 목적을 스스로 선택할 수 있는 자유롭고 독립적인 자아로 존중할 수 없다는 것이다.

자유를 이러한 방식으로 파악한 칸트와 롤스가 옳다면, 정의에 대한 그들의 견해도 옳을 것이라고 샌델은 단정한다. 만일 우리가 선택에 앞선 도덕에 의해 영향을 받지 않고 자유롭게 선택하는 독립적 자아라면, 목적에 대해 중립적인 옳음에 대한 틀을 필요로 할 것이다.

만일 자아가 그 자아의 목적에 선행한다면, 옳음은 좋음에 선행할 것이다.

하지만 샌델은 만일 도덕적 행위자에 대한 이야기 개념이 더 설득력이 있다면, 정의에 대한 아리스토텔레스의 생각을 다시 고려해 볼 가치가 있다고 말한다. 만일 나의 좋음에 대한 숙려가 나의 정체성이 뿌리를 내리고 있는 사회의 좋음에 대한 반성을 포함한다면, 중립을 갈망하는 태도는 오류일 수 있다. 샌델은 한결같이 좋은 삶에 대한 숙고 없이는 정의에 대한 숙고가 가능하지 않을 뿐만 아니라 바람직하지도 않다고 주장한다.

그러나 정의와 옳음에 대한 공적 담론에 좋은 삶의 개념을 가져오는 것을 꺼리는 사람들도 많다. 미국과 같이 다원화된 사회에서는 최선의 삶의 방식에 사람들이 동의하지 않는다. 자유주의적 정치 이론은 정치와 법을 도덕적·종교적 논란으로부터 분리시키기 위해 태어났다. 칸트와 롤스의 철학은 이러한 의도를 충분히 그리고 분명하게 표현하였다.

샌델은 그들의 이러한 의도는 성공하지 못했다고 말한다. 정의와 권리에 대한 뜨거운 쟁점 가운데 많은 것들은 도덕적·종교적 문제를 논의하지 않고서는 토론할 수 없다. 시민의 권리와 의무를 어떻게 규정할 것인가를 결정할 때, 좋은 삶에 대해 경쟁적인 개념을 제쳐두는 것이 항상 가능한 것은 아니다. 비록 그것이 가능하다고 해도 그것은 바람직하지 않다고 본다.

샌델은 민주 시민에게 그들이 공공의 영역으로 들어갈 때 도덕적·종교적 신념을 내려놓을 것을 요구하는 것은 관용과 상호 존중을 확보하기 위한 방법으로 보일 수도 있지만, 그것은 그렇지 않다고 주장한다. 성취할 수 없는 중립을 가장하면서 중요한 공공의 문제를 결정하는 것은 반발과 분노를 야기할 수 있다고 보기 때문이다. 본질적인 도덕이 개입하지 않는 정치로는 시민의 삶이 빈약해진다. 그것은 편협하고 관용이 없는 도덕주의를 초래할 가능성이 높다. 샌델은 자유주의자들이 개입하기를 두려워하는 곳에는 원리주의자들이 몰려 있다고 말한다.

그렇다면 샌델은 정의에 대한 논쟁이 본질적인 도덕 문제로 우리를 끌고 간다면, 이러한 논의가 어떻게 진행되어야 하는지에 대하여 답해야 한다. 우리는 샌델에게 종교전쟁으로 나아가지 않고 정의를 공론화하는 것이 가능할까? 하고 묻는다. 도덕이 더 많이 개입하는 공개토론의 모습은 어떠하며, 그러한 토론은 우리에게 익숙한 정치 토론과 어떻게 다를까? 이런 것들은 단순히 철학적 문제로 끝나는 것은 아니다. 이것들은 정치적 담론을 다시 활성화하고 시민의 삶을 새롭게 하려면 꼭 제기해야 할 핵심적인 물음이다.

인생의 목적은 정해져 있는가

좋음에 대하여 옳음의 우선성(the priority of the right over the good)에 대한 논쟁은 궁극적으로 인간의 자유의 의미가 무엇인가에 대한 논쟁이다. 칸트와 롤스는 아리스토텔레스의 목적론을 거부한다. 왜냐하면 아리스토텔레스의 목적론은 우리가 스스로 우리의 선을 선택할 여지를 남겨두지 않기 때문이다. 아리스토텔레스의 목적론이 이러한 우려를 초래하는 이유를 아는 것은 어렵지 않다. 그는 정의를 인간이 인간의 본성에 적합한 목적이나 좋음과 얼마나 일치하는가의 여부를 판단하는 문제로 보기 때문이다. 그러나 우리는 정의를 일치의 문제가 아니라 선택의 문제로 본다.

옳음을 좋음 앞에 놓는 롤스의 입장은 "도덕적 인간은 그가 선택한 목적을 가진 존재다"라는 믿음을 반영하고 있다. 도덕적 행위자로서의 우리는 우리의 목적에 의해서가 아니라 선택할 수 있는 능력에 의해 규정된다. "일차적으로 우리의 본성을 드러내는 것이 우리의 목표가 아니다." 우리의 목표는 우리가 우리의 목적으로부터 분리되었을 때 우리가 선택할 수 있는 옳음의 틀이다. "자아는 그 자아가 설정한 목표에 우선한다. 비록 가장 중요한 목적이라 할지라도 그것은 수많은 가능한 목적들 가운데 선택된 하나일 뿐이다. …… 따라서 우리는 옳음과 목적론적 세계관이 제시하는 좋음의 관계를 뒤집어 옳음이 우선하는 것으로 보아야 한다."

정의는 좋은 삶이 무엇인가에 대해 중립을 지켜야 한다는 입장은, 인간은 그가 선택하지 않은 어떤 도덕에 의해서도 구속되지 않는 자유롭게 선택하는 존재라는 개념을 반영한다. 이런 생각들은 근대 자유주의의 정치적 사고의 특징이다. 샌델이 말하는 '자유주의'에는 미국의 민주당과 공화당의 정치철학이 모두 포함된다. 민주당과 공화당은 함께 '중립적 국가와 선택하는 자아'라는 이상을 신봉한다. 정부와 시장의 역할을 두고 벌어지는 대부분의 논쟁은 어떻게 개개인이 그들의 목적을 스스로 가장 잘 추구할 수 있도록 할 것인가에 대한 논쟁이다.

평등주의적 자유주의자들은 시민의 자유와 의료·교육·고용·소득 보장 등과 같은 사회경제적 기본권을 중요하게 생각한다. 그들은 개인이 자신의 목적을 추구할 수 있도록 하기 위해서는 정부가 진정한 선택의 자유를 누릴 수 있도록 물질적 조건을 보장해야 한다고 주장한다. 뉴딜 시절 이후 미국의 복지국가를 지지하는 사람들은 사회적 연대와 공동체의 의무라는 명분이 아니라 개인의 권리와 선택의 자유라는 명분을 걸고 복지국가를 옹호하였다.

1935년 사회보장제도를 실시하면서 프랭클린 루즈벨트 대통령은 그것을 시민들 사이의 의무로 제시하지 않았다. 루즈벨트는 사회보장제도를 민간보험과 비슷한 형식으로 설계했다. 그는 사회보장을 위한 기금을 세금에서 충당한 것이 아니라 임금에서 공제한 '보험료'로 충당하였다. 그리고 그는 1944년 미국 복지국가의 강령을 발표할 때, 그 강령을 '경제적 권리장전'이라고 불렀다. 루즈벨트는 권리장전에 공동체적 근거를 제시하지 않고, 그러한 권리는 '진정한 개인의 자유'를 위해 필수적이라고 주장하면서, '가난한 사람은 자유로운 인간이 아니다.'라고 하였다.

현대정치에서 적어도 경제적 문제에 대해서는 보수주의자로 분류되는 자유지선주의자들 역시 개인의 선택을 존중하는 중립적 국가를 찬성한다. 자유지선주의 철학자 로버트 노직은 정부는 시민들 사이에서 철저하게 중립을 지켜야 한다고 하였다. 그러나 이러한 이상을 실현하기 위하여 어떠한 정치가 필요한가에 대해서는 평등주의적 자유주의자들과 입장을 달리했다. 복지국가에 대한 비판적 무간섭주의로서의 자유지선주의자들은 자유시장을 옹호하면서 사람들은 자신이 번 돈을 소유할 권리가 있다고 주장한다.

1964년 공화당 대통령후보 배리 골드워터는 "자기 노동의 결실을 자기 마음대로 처분하지 못하고 공동재산의 일부로 취급받는다면, 어떻게 진정으로 자유롭다고 할 수 있겠는가?"라고 하였다. 자유지선주의자들의 입장에서 볼 때, 중립적인 국가란 다름 아닌 시민의 자유와 사유재산을 엄격하게 보호해 주는 국가이다. 이들은 복지 제도는 그들 자신의 목적을 스스로 선택할 자유를 개인에게 부여하지 않고, 다른 사람의 선(善)에 봉사하도록 강요한다고 주장한다.

샌델은 평등주의자나 자유지선주의자나 중립을 지향하는 국가에 매력을 느낀다고 말한다. 이런 정의론은 다원화된 사회에서 자주 나타나는 도덕적·종교적 논쟁에 정치와 법이 말려들지 않을 수 있다는 희망을 준다. 그리고 그들은 우리를 구속하는 도덕적 의무의 입안자를 바로 우리 자신으로 설정해 주는 인간의 자유 개념을 우리에게 부여한다.

그러나 샌델은 이 이론의 매력을 인정하면서도, 이들의 자유 개념은 결함을 가졌다고 평가한다. 뿐만 아니라 좋은 삶에 대한 대립적인 개념들에 대해 중립적인 정의론을 발견하려는 열망도 결함을 가졌다는 결론을 내린다.

샌델은 공정한 조건에서 이루어지는 선택의 자유를 포함하여 선택의 자유는 정의로운 사회의 기초로서 적합하다고 생각하지 않는다고 말한다. 더더구나 중립적인 정의의 원칙을 찾으려는 노력은 우리를 잘못된 길로 인도한다고 주장한다. 샌델은 본질적인 도덕적 문제를 다루지 않고 인간의 권리와 의무를 규정하는 것이 항상 가능한 것은 아니라고 주장한다. 설사 그것이 가능하다고 하더라도 바람직하지 않다고 말한다. 이렇게 말하면서 샌델은 자신이 왜 그렇게 생각하는지를 설명한다.

제5부
시장의 도덕적 한계

'시장사회'가 문제

샌델은 현대 자본주의 시장을 부정하지는 않는다. 그러나 그는 시장은 좋은 삶, 공동체주의를 실현하는 데 한계가 있으며, 따라서 도덕적 한계를 가져야 한다는 점을 강하게 주장한다. 샌델은 이러한 그의 주장을 『돈으로 살 수 없는 것들』에서 자세히 논의하였다. 그의 주장에 따르면, 시장은 '공정'을 포함하고 있지 않기 때문에 시장은 공정한 것이 무엇인가에 대해 침묵한다. 시장은 공정에 대해 침묵할 뿐만 아니라 때때로 불공정하다. 뿐만 아니라 때때로 시장가치가 공동체의 가치, 규범 및 공공선을 침해한다. 공동체의 가치를 보호하기 위해서는 우리는 시장의 한계를 분명히 깨달아야 한다. 샌델은 시장으로부터 공동체를 보호해야 한다고 주장한다. 시장은 재화를 생산하고 부를 창출하는 효율적인 도구이지만, 현대 자본주의 사회에서 시장은 가족·교육·환경과 같은 전통적 가치를 파괴한다는 것이다. 샌델은

'시장경제'는 괜찮지만, 시장이 모든 것을 지배하는 '시장사회'는 문제라고 지적한다.

그가 말하는 '시장 사회'에는 시장적 사고가 삶의 모든 부분을 장악하여 사람과 사람 사이의 관계를 왜곡하는 사회이다. 그는 '시장 사회' 현상을 설명하기 위하여 이스라엘의 한 탁아소에서 일어난 일을 예로 들었다. 이 탁아소의 최대 고민은 부모들이 정해진 시간에 아이들을 데려가지 않는다는 것이었다. 부모들은 때때로 약속한 시간보다 늦게 아이들을 데리러 왔기 때문에 교사들은 그때까지 무작정 기다려야 했다. 상황이 이렇게 되자 탁아소는 부모들이 지각하면 벌금을 받기로 하였다.

그런데 탁아소가 벌금을 매기기 시작하자 예상하지 못한 사태가 벌어졌다. 기대와는 달리 지각하는 부모들의 수가 줄지 않고 오히려 늘어났을 뿐만 아니라 태도도 변했다. 벌금을 도입하기 전에는 지각한 부모들은 교사에게 폐를 끼친다고 생각하여 미안함과 죄책감을 가졌지만, 이제 그런 태도가 사라지고 당당해졌다. 부모들은 교사들이 아이들 때문에 늦게 퇴근하는 것을 추가비용을 받고 더 일해 주는 서비스로 생각했다. 샌델은 부모들이 벌금(fine)을 요금(fee)으로 생각하게 되었다고 진단한다.

샌델에 따르면 '벌금'과 '요금'은 그 성격이 다르다. 벌금은 도덕적 반감을 불러일으키지만 요금은 그렇지 않다. 요금은 도덕적 판단이 개입되지 않는 그냥 '가격'이다. '가격'은 시장에 속한다. 따라서 탁아소에 요금을 매기는 시장논리가 도입되면 교사와 부모, 아이들 사이의 관계와 태도가 변한다. 부모들이 탁아소 교사들에게 폐를 끼치지 않기 위해 최선을 다하는 것은 부모로서의 미덕을 발휘하는 것이고 공공선을 추구하는 것이다. 그런데 탁아소의 벌금제 도입은 미덕과 공공선을 버리고 '시장사회'로 진입하는 것이다.

샌델은 어떻게 시장논리가 인간과 인간관계를 왜곡시켜 시장사회로 몰고 가는가를 다양한 예를 들어 설명한다. 책을 읽으면 돈을 주는 부모나 학교, 자녀의 졸업식이나 입학식에 참석하지 못한 부모가 그들에게 선물을 사주는 것, 선물을 물건이 아니라 돈으로 주는 풍습, 공공의 것을 광고로 사용하고 돈을 받는 행위 등 여러 가지 예를 들어 현대사회가 '시장사회'로 진입했다고 주장한다. 이런 사례는 이스라엘의 탁아소에서 벌금을 부과하는 행위와 동일하며, 이것들은 모두 공리(功利)주의적 계산법인 '비용 · 편익 분석'에 기초하고 있다고 주장한다.

샌델이 말하는 공리주의적 계산법인 '비용·편익 분석'은 1992년에 노벨경제학상을 받은 시카고대 게리 베커(Gary Becker) 교수의 주장에 잘 나타나 있다. 게리 베커는 미국이 이민자들을 받아들일 때 미국 시민권을 5만~10만 달러에 팔 것을 제안했다. 그는 이전에 경제적 분석의 대상이 되지 않았던 난민 문제, 환경 문제, 병역 문제, 불륜 문제, 결혼에까지 비용·편익 분석을 적용하였다. 샌델은 이런 문제에 돈이 개입되면 도덕적 문제가 경제문제로 변하여 사람들의 죄책감이 사라진다고 하였다. 불륜이나 환경오염을 돈으로 해결하면 인간의 도덕적 책임은 실종된다. 시장사회는 공동체의 규범과 가치, 도덕을 파괴한다. 재화를 생산하는 도구로서의 시장을 넘어 시장이 이민·시민권·인간관계와 같은 영역에 침입하면 도덕적 관계가 경제적 관계로 변하고 공동체의 도덕은 사라진다는 것이다.

통 큰 치킨에 대한 샌델의 입장

샌델은 한때 우리 사회에서 문제가 되었던 '통 큰 치킨' 논쟁에 대해서도 한 마디 하였다. 시장을 옹호하는 사람들은 '통 큰 치킨'은 시장의 자연스러운 현상이기 때문에 외부가 개입하여 가격을 통제할 수 없다는 주장을 한다. 이에 대해 가격 규제에 찬성하는 사람들은 대기업들이 가격을 내리는 이유는 가격경쟁을 통해 영세업자들을 시장에서 퇴출시키기 위한 전략이라고 생각한다. 이렇게 되면 결국 나중에 대기업이 그 시장을 독점하여 가격을 올리게 된다. 결국 소비자들은 일시적으로 이익을 본 것 같지만 장기적으로 손해를 보게 된다는 것이다. 따라서 영세업자를 보호하는 것이 공공의 이익에 도움이 된다는 것이다.

이에 대해 샌델은 자신의 정의에 대한 3가지 논리를 적용한다. 개인의 선택권을 보장해야 한다고 주장하는 자유주의는 통 큰 치킨에 대해 찬성한다. 공동체주의는 공공선과 미덕을 앞세워 통 큰 치킨에 반대한다. 곧 자유주의는 통 큰 치킨은 싼값으로 식품을 공급할 수 있는 생산자의 권리와 그것을 사먹을 수 있는 소비자의 권리를 옹호하고, 공동체주의는 영세상인의 생존권을 보장해야 한다고 주장하는 것이다.

이런 논리는 '이마트 피자'나 '대형 마트 휴일제'에도 적용될 수 있다. 공동체주의자들은 '공공선'의 관점에서 이 문제들을 이해할 수 있다고 한다. 샌델은 시장의 가격경쟁을 때에 따라 규제할 수 있는 입장을 취하지만, 이것을 정당화하는 논리는 공리주의적이 아니라 공동체주의적이다.

'시장사회'에 대한 샌델의 해결책

시장사회를 막기 위해 샌델이 제시하는 해결책은 무엇인가? 그는 한 일간지와의 인터뷰에서 다음과 같이 말했다.

> "시장은 부를 창출하는 도구이고, 이 도구는 무엇이 공정한지는 말해주지 않는다. 시장에서 우리가 성공했다고 해서 잔돈 한 푼까지 긁어모아야 한다는 뜻은 아니다. 시장은 그 자체로 공정하다는 것은 아니다. 그래서 우리는 비(非)시장적 가치와 규범, 공공선(公共善)을 망각해서는 안 된다. 시장지상주의가 어떤 식으로 공동체를 약화시키는지 잊어버려서도 안 된다. 지금 우리가 할 일은 공익(公益)을 쟁취하기 위한 시장의 역할을 토론하는 것이다. 시장이 어떻게 하면 제 위치에서 자기 역할을 할 수 있을지 고민하는 일이다. 악덕을 공공선으로 만드는 시장의 도덕적 연금술(moral alchemy)을 재구축하는 일이다."

샌델은 시장의 확장, 시장의 도덕적 한계를 정하기 위해 지금 우리에게 필요한 것은 규제가 아니라 공익을 쟁취하기 위해 시장의 역할을 높이고, 시장이 어떻게 하면 자기 자리에서 제 역할을 수행할 수 있도록 할 수 있는가에 대해 고민하고 토론하는 것이라고 주장한다. 그러나 토론을 통해 이 문제가 해결될까?

샌델은 결정적인 문제에 부딪칠 때마다 '고민하고 토론하자'고 하지만, 그의 주장대로 '고민하고 토론하는' 것으로 사람들은 스스로 '비용·편익 분석'을 버리고 공동체의 가치를 보존하려고 하지 않을 것이다. 국가권력을 통한 강제가 아니면 시장사회를 막을 수는 없다. 결국 샌델의 공동체론을 끝까지 밀고 가면 국가권력을 통한 강제로 개인의 선택을 막게 된다.

시장에서 '사고 팔 수 있는 것'을 누가 결정하는가

샌델이 시장을 전면적으로 부정하는 것은 아니지만, 시장에 대한 불신은 높다. 그는 시장의 생산적 활력과 역동성이 인간의 경제적 환경을 개선하는 데 필요한 물질적 부의 생산에 결정적인 역할을 했다는 사실은 인정한다. 그는 우리가 일상적으로 사용하는 재화의 생산과 분배는 시장에 맡기는 것이 효율적이라고 믿는다. 그의 『정의란 무엇인가』도 시장에서 활기차게 판매되었다. 시장이 없었다면 샌델은 자신의 사상을 세계적으로 전파하고 엄청난 경제적 이익을 얻지 못했을 것이다. 그도 시장을 인정하지 않을 수 없었다.

그러나 샌델은 시장의 도덕성을 말하면서, 시장이 가져야 할 한계를 설정한다. 그는 시장논리, 곧 수요와 공급의 논리가 적용되어야 할 영역과 그렇지 않은 영역을 명확하게 구분한다. 시장이 우리에게 필요한 재화와 서비스를 생산하는 데는 대단히 효과적이지만, 시장의 논리가 적용되지 않아야 할 영역이 분명하게 존재하며, 여기에 속한 것은 사고팔아서는 안 된다는 것이다. 시장은 도덕적 한계를 가져야 하기 때문에 그가 설정한 경계를 넘어 시장의 논리가 적용될 때 공정성이 파괴되고 타락 현상이 일어난다고 경고한다. 시장논리가 적용되지 않아야 할 영역에 시장이 들어가는 것은 도덕적으로 나쁘다는 것이다.

샌델은 시장의 도덕적 한계를 설정함으로써 돈으로 '사고팔 수 없는 것'을 제시한다. 그러나 그가 실제로 주장하고 있는 것은 '사고팔 수 없는 것'이 아니라 '사고팔아서는 안 되는 것'이다. '돈으로 살 수 없는 것'에 그가 포함시킨 것은 실제로 시장에서 거래되고 있거나 거래될 수 있는 것들도 있다. 그가 우려하면서 비판하는 것은 '돈으로 살 수 없는 것'이 아니라 실제로 시장에서 거래되지만 거래되어서는 안 된다고 보는 것이다.

샌델은 『돈으로 살 수 없는 것들』에서 '우선 탑승권', '대리 줄서기', '교도소 감방 업그레이드', '나 홀로 운전자가 카풀차로(車路) 이용하기', '인도인 여성의 대리모 서비스', '미국으로 이민하는 권리', '멸종 위기에 놓인 검은 코뿔소를 사냥할 권리', '의사의 휴대전화 번호', '대기에 이산화탄소 배출할 권리', '자녀의 명문대 입학 허가' 등을 사고팔아서는 안 된다고 주장한다. 그러나 이들은 실제로 시장에서 거래가 행해지고 있는 것들이다.

샌델은 『돈으로 살 수 없는 것들』 제 1장에서 '새치기(Jumping the Queue)'라는 제목으로 '우선 탑승권', '렉서스 차로', '대리 줄서기 사업', '진료 예약권 거래', '전담 의사 제도'를 비판한다. 그는 이런 것들을 '새치기의 시장 논리'로 설명한다. 우리는 '새치기'를 나쁜 것으로 여긴다. 샌델은 시장에서 거래가 되고 있는 이런 것들을 '새치기'로 규정하고 그것을 시장논리에서 나온 것으로 설명한다. 이렇게 함으로써 이런 것들을 시장 논리와 동일시하면서 '시장 논리'를 나쁜 것으로 규정한다.

샌델은 시장에서 사고팔아서는 안 되는 것이 존재한다는 자신의 주장을 정당화하기 위해 '공정성'과 '부패'를 소개한다. 샌델은 대학 입학 허가를 예로 든다. 입학허가를 사고파는 것이 공정성을 해친다고 주장하는 사람들은 부유한 사람만 그렇게 할 수 있기 때문에 부자의 자녀에게 입학을 허용하는 것은 사회적·경제적 불평등을 영구화한다고 우려한다. 입학허가 거래가 부패라고 비판하는 사람들은 대학의 품위를 언급한다. 이들에 따르면, 대학교육은 학생이 직업을 갖도록 교육시키고, 진리 추구, 학문적·과학적 탁월성의 증진, 인도적인 교육과 학문의 발달, 시민의 덕성 고양과 같은 이상의 실현이다. 그런데 입학허가서를 돈으로 사고파는 것은 이런 이상을 부패시키는 것이다. 곧 매매가 재화의 성격을 변질시킨다는 주장이다. 이런 비판은 설득력이 있다.

그러나 시장에서 사고팔 수 있는 것이 절대적 기준에 의해 정해지는 것은 아니다. 과거에는 시장에서 거래되지 않았던 것들이 오늘날 거래되는 것도 있고, 실제로 거래되던 것이 거래의 대상에서 제외된 것들도 있다. 과거에 상호부조의 형식으로 처리되었던 것이 오늘날에는 시장에서 처리된다. 전통사회에서 상례나 혼례, 농경사회에서 품앗이 등은 시장에서 이루어지지 않았다. 그러나 오늘날은 장의사나 예식장, 인력시장을 통해 이것들과 관련된 서비스들이 시장에서 거래되고 있다. 과거에는 노예시장에서 노동인력으로 노예를 사고팔았지만, 오늘날에는 노예시장이 존재하지 않는다.

뿐만 아니라 자유주의자들이 모든 것을 다 사고팔 수 있다고 주장하는 것도 아니다. 자유주의가 개인의 선택을 중시하지만, '남에게 피해를 주지 않아야 한다'라는 제약 조건 아래에서 그렇게 한다. 명백하게 '남에게 피해를 주는 것'으로 규정되면 법으로 그 행위를 금지한다. 그러나 '남에게 피해를 주는 것'은 선험적으로 결정되는 것이 아니라 역사에 의존한다.

실제로 시장에서 사고파는 대상들은 대체로 사회적 관습에 의해 결정된다. 노예시장의 소멸은 인권과 같은 보편적인 가치가 확산되면서 사라진 측면도 있지만, 사회 환경이 변하여 노예가 더 이상 생산적으로 효율적이지 않아서 자연스럽게 사라졌다고 볼 수도 있다. 노예의 소멸은 인권과 함께 사회경제적 효율성이 작용한 결과이다. 이런 현상은 자연스러운 현상으로 볼 수 있다.

그러나 누구나 존중하는 인권과 같은 보편적 가치가 작동하여 시장에서 사고팔아서는 안 되는 것을 법으로 정하기도 한다. 사고팔아서는 안 되는 것을 법으로 정하면 그것을 사고팔 때 국가 권력의 통제를 받게 된다. 실제로 우리 사회에는 법으로 사고팔아서는 안 되는 것으로 정해진 것들이 많이 있다. 아동노동, 성, 마약, 난자, 장기(臟器), 사람 등을 사고팔아서는 안 된다. 이것들은 강제적인 법으로 거래의 대상에서 제외되었다. 이것들을 사고팔면 법에 의해 처벌을 받는다.

위에서 말한 사고팔아서는 안 되는 것이 법으로 정해졌다는 것은 매매 불가능하다는 의미가 아니라 매매해서는 안 된다는 것이다. 이것들의 매매는 사회적 합의를 통해 법으로 금지된 것이다. 그렇다고 그것이 미래에도 그럴 것이라는 보장은 없다. 남에게 피해를 주지 않는 마약과 성은 시장에서 매매의 대상이 되어야 한다는 주장이 끊임없이 제기되고 있다. '마약과 성은 피해자 없는 범죄'이기 때문에 법으로 금하지 말아야 한다는 것이다.

샌델의 주장은 흑백논리에서 나온 것이다. 그는 극단적인 상황을 설정하고 흑백논리로 판단한다. 그는 자유주의 인간관을 이기적 인간관에 기초했다고 비판하면서, 자신이 주창한 공동체주의는 이타적 인간관을 전제한다고 주장한다. 이기적 인간 대 이타적 인간의 구도를 설정하여 자신의 이론의 우위성을 입증하려고 한다.

그러나 실제로는 그렇지 않다. 자유주의적 개인이 항상 이기적인 선택만을 하는 것도 아니고, 협동이나 공동체를 무시하는 것도 아니다. 자유주의냐 공동체주의냐의 선택이 개인의 이익과 공공선, 이기주의와 이타주의, 경쟁과 협동, 돈으로 살 수 있는 것과 돈으로 살 수 없는 것 사이의 선택인 것은 아니다. 자유주의자도 공공선, 이타주의, 협동, 돈으로 살 수 없는 것의 존재와 그것의 중요성을 인정한다.

실제로 샌델이 통탄했던 카트리나 허리케인의 경우에도 피해 지역에서 이웃의 온정과 협조가 있었다. 시장원리에 의해 수리비 가격이 폭등한 것은 오히려 피해복구가 신속히 이루어지도록 하는 원동력이 되었다. 폭리가격방지법이 철저히 적용되었다면 이웃의 선행도 줄어들고, 플로리다가 제대로 복구되기가 어려웠을 수도 있다.

자유주의자가 옹호하는 개인의 선택은 밀(J.S, Mill)이 말한 '무해악(無害惡) 원칙(no harm principle)'에 의해서만 제약될 뿐이다. 무해악의 원칙은 개인의 사익 추구와 이타적 행위를 모두 포용한다. 자유주의 사회에서도 선행과 협조가 더욱 많이 일어난다. 자유주의가 이타적 행동이나 협조를 금지하는 것은 아니다. 자유주의는 이기주의, 공동체주의는 이타주의라고 설정하는 것은 잘못이다.

우리 사회에서 샌델의 공동체주의적 정의가 많은 호감을 얻은 이유 가운데 하나는 사익과 공익이 상충관계에 있으며, 공적 도덕심(public morality) 곧 공공선(公共善, public good)이 사적 도덕심(private morality)보다 좋다는 잘못된 믿음 때문이다. 샌델은 공동체주의를 공익(公共善), 자유주의를 사익(私益)과 같은 것으로 보이게 함으로써 '공익(公益)'을 중시하는 사람들의 마음을 파고들었다. 그러나 실제로는 그렇지 않다.

라인홀드 니부어(Reinhold Niebuhr)가 '도덕적 개인과 비도덕적 사회'에서 잘 설명하였듯이, 공적 도덕심이 사적 도덕심보다 열등할 수 있다. 그 이유는 실제로 개인의 이익을 떠난 공익으로 통용되는 것들 가운데 상당 부분은 특정 개인이나 소집단의 견해, 이해관계를 반영하기 때문이다. 실제로 공공선을 표방한 공동체주의가 특정 집단의 이익에 봉사하고 전체주의로 나아간 역사적 사례는 많다.

자유주의가 개인의 모든 선택을 정당화하는 것은 아니다. 자유주의는 개인의 약탈적 사익추구(predatory profit-taking)의 자유까지 허용하지는 않는다. 자유주의는 이런 행위를 법의 지배를 통해 허용하지 않는다. 개인의 자유로운 선택에는 이타적 행위, 협동, 공공선으로 연결되는 행위도 포용한다. 개인주의, 자유주의가 반대하는 것은 이런 행위를 국가가 법으로 강제하는 것이다.

제6부
공동체주의의 정의론

공공선은 정의의 필수조건인가

『정의란 무엇인가』의 마지막 장의 제목은 "정의와 공공선"이다. 마지막 장은 그동안 샌델이 전개해 온 공동체주의적 또는 공화주의적 정의관의 핵심적인 주장이 담겨 있다.

이 장에서 샌델은 자유주의자들의 주장과는 달리, 정의는 도덕과 밀접한 관계를 맺어야 한다고 생각한다. 정의가 도덕과 밀접한 관계를 맺어야 한다는 주장의 핵심은 자유주의가 전제한 '정치의 중립성'과 '정치의 중립성'의 이론적 근거인 '옳음이 좋음(善)에 앞선다'는 테제에 대한 자신의 분명한 반대 입장을 표명한 것이다. 샌델은 자신의 이러한 입장을 설명하기 위해 존 F. 케네디와 오바마 대통령·로버트 케네디 대통령 후보의 정치와 종교에 대한 입장을 제시한다. 존 F. 케네디가 자유주의의 입장을 대변한다면, 오바마 대통령·로버트 케네디 대통령 후보는 공화주의적 입장을 보여준다는 것이다.

1960년 9월 12일 미국 대통령 후보 존 F. 케네디는 '정치에서의 종교의 역할'을 주제로 텍사스 휴스턴에서 연설을 했다. 케네디는 가톨릭 신자였으므로 그가 공직에 취임하면 로마 교황청의 영향을 받거나 공공정책에 가톨릭 교리를 반영할 것이라고 우려하는 사람들도 있었다. 이런 우려를 불식시키기 위해 케네디는 개신교 목사들 앞에서 자신이 당선될 경우 자신의 종교가 공직에서 어떤 역할도 하지 않을 것이라고 말했다. 종교적 신념은 사적인 문제이며, 공적 책임과는 아무런 관련이 없음을 밝힌 것이다.

케네디는 "대통령의 종교적 견해는 사적인 문제에 머물 수 있다고 생각합니다. 제가 대통령이 되어 산아제한, 이혼, 검열, 도박 등 어떤 문제에 부딪치더라도 …… 외부의 종교적 압력이나 지시에 구애받지 않고, 제 양심에 따라 국익을 위해 판단할 것입니다."라고 했다. 이 연설은 정치적으로 성공했고, 그는 대통령에 당선되었다.

샌델은, 2006년 민주당 대통령 후보 경선에 나온 오바마는 정치에서 종교의 역할에 대해 케네디와 매우 다른 입장을 밝혔다고 말한다. 오바마는 자유주의적인 입장을 취했던 2년 전 주 의원 선거에서 했던 "우리는 다원화 사회에 살고 있기 때문에 자신의 종교적 견해를 다른 사람에게 강요할 수 없으며, 나는 일리노이 상원의원에 출마하는 것이지 일리노이 성직에 출마하는 것이 아니라고 대답했습니다."라는 과거의 발언을 상기하면서, 그 당시 자신의 입장이 적절하지 않았다고 하였다. 오바마는 "나의 가치와 나의 믿음을 안내하는 신앙의 역할을 제대로 설명하지 않았다."고 회고했다.

샌델에 따르면, 오바마는 자신의 기독교 신앙을 묘사하면서 종교와 정치 논의의 관련성을 역설했다. 자유주의자들이 종교가 빠진 정치 담론을 제시한다면, “수많은 미국인이 개인의 도덕과 사회정의를 이해할 때 사용하는 이미지와 용어들을 빼앗는 것이다.”라고 했다. 샌델은 ‘빈곤, 인종차별, 건강보험, 실업’같은 문제들을 다루려면, ‘가슴과 머리에서 변화가 일어나야 한다’는 오바마의 말을 인용하면서 도덕적·종교적 신념이 정치와 법에서 배제되어야 한다는 주장은 잘못이라고 단정한다. 그러면서 다시 오바마의 다음과 같은 말을 인용한다.

> “세속주의자들이 종교를 가진 사람들에게 공적인 영역으로 들어가기 전에 종교를 문 앞에 내려놓으라고 요구한다면 그것은 잘못입니다. 프레드릭 더글러스, 에이브러햄 링컨, 윌리엄 제닝스 브라이언, 도로시 데이, 마틴 루터 킹 등 미국 역사상 위대한 개혁가 다수는 신앙에 자극받았을 뿐만 아니라, 자신의 주장을 펼칠 때 종교적 언어를 수시로 이용했습니다. 따라서 공공정책을 논의할 때 ‘개인의 도덕’을 개입시키지 말라는 주장은 현실적으로 불합리합니다. 우리 법은 의미상 도덕의 집대성이며, 그 도덕의 상당 부분은 유대 기독교 전통을 기반으로 하고 있습니다.”

샌델은 정치에서 종교의 역할에 대해 서로 다른 입장을 보였던 존 F. 케네디와 오바마를 비교하면서 오바마가 옳았다고 주장한다.

정치의 중립을 넘어선 로버트 케네디와 오바마

샌델은 1968년에 민주당 대통령 후보로 나섰던 로버트 케네디는 국가가 보다 많은 도덕적·공적 이상을 가지기를 요구하였다고 본다. 그러나 그것은 오래가지 못했다. 샌델에 따르면, 1970년대 들어 미국의 자유주의자들은 중립과 선택을 표방하였고, 새롭게 떠오른 기독교 우파는 도덕적·종교적 담론을 자신들의 중심 의제로 삼기 시작했다. 기독교 우파는 미국인들이 도덕적 삶에 지나치게 관대하게 되었다고 비판하면서, 학교 내 예배, 공공장소에서의 종교적 행사에 찬성하고, 포르노그라피, 낙태, 동성애는 법적으로 규제해야 한다고 주장했다.

샌델은 기독교 우파의 득세는 보수주의자들에게는 좋은 평판을, 미국의 자유주의자들에게는 이롭지 못한 평판을 주었다고 분석한다. 1990년대와 2000년대 들어 미국의 자유주의자들도 방어적으로 관용, 공정성, 자유로운 선택이라는 가치를 지지한다고 했는데, 샌델은 이러한 가치는 자유주의적 중립성, 롤스식의 자유주의적 공적 이성에 관련된 가치였다고 주장한다. 그러면서 샌델은 그것은 미국 안에 널리 퍼진 도덕적·정신적 갈망과 연관이 없었으며, 더 큰 의미의 공적 삶에 대한 열망에도 부응하지 않았다고 평가하였다.

샌델은 버락 오바마는 공적 삶에 대한 미국 시민들의 갈망을 이해하고 이것을 자신의 목소리에 실었다고 주장한다. 그리하여 오바마는 이전의 미국적 자유주의를 표방한 민주당과 결별하였다는 것이다. 오바마의 정치 언어에는 자유주의적 중립을 뛰어넘어 지향하는 도덕적·정신적 차원의 갈망이 스며 있다며 다음 구절을 인용한다.

> "날마다 수많은 미국인들이 아이를 학교에 데려다 주고, 차를 몰고 출근하고, 서둘러 업무회의에 들어가고, 쇼핑몰에서 물건을 사고, 다이어트를 하는 등의 일상생활을 하다가, 문득 무엇인가 놓치고 있다는 생각을 하게 되었습니다. 사람들은 일, 재산, 휴식, 바쁜 일상이 전부가 아니라고 생각하기 시작했습니다. 삶에 목적 의식이, 서사적 궤적이 필요해졌습니다. …… 우리가 진정 사람들에게 그들이 어디로 향하고 있는지 말해 주고 싶다면, 다시 말해 우리의 희망과 가치를 그들의 희망과 가치와 관련지어 소통하고자 한다면, 진보주의적인 우리는 종교적 담론이라는 영역을 외면할 수 없습니다."

샌델은 진보주의자들이 더 폭넓게 신앙 친화적인 공적 이성을 수용해야 한다는 오바마의 주장은 건전한 정치적 직관을 반영한 훌륭한 정치철학이라고 격찬한다. 샌델은 정의와 권리에 관한 논의를 좋은 삶에 대한 논의에서 분리하려는 시도는 두 가지 이유에서 잘못이라고 말한다. 첫째, 본질적인 도덕 문제를 해결하지 않고서 정의와 권리의 문제를 결정하는 것은 항상 가능한 일은 아니다. 둘째, 설령 그럴 수 있다고 해도 그것은 바람직하지 않다는 것이다.

샌델은 문제의 밑바탕에 있는 도덕적·종교적 입장을 정리하지 않고서는 해결할 수 없는 익숙한 두 가지 정치 문제로 낙태와 배아줄기세포 연구 문제를 언급한다. 이 두 문제는 인간의 생명이 시작되는 지점이 어디인가에 대한 도덕적·종교적 논쟁에서 출발하기 때문이라는 것이다.

뿐만 아니라 미국사회에서 첨예한 쟁점이 되고 있는 동성 결혼의 문제도 결혼의 텔로스가 무엇인지에 대한 입장에 달려 있으며, 결혼이라는 사회제도의 목적에 대한 논의는 그 제도가 명예와 포상을 안겨 주는 미덕에 관한 논의라고 말함으로써 다시 아리스토텔레스를 끌어들여 자신의 목적론적 세계관의 정당성을 주장한다.

샌델은 동성 결혼의 문제에서도 자유주의는 한계를 가진다고 지적한 것이다. 그는 동성 결혼을 찬성하는 사람들은 비차별과 선택의 자유를 정당성의 근거로 제시하지만, 이것으로는 부족하다고 말한다. 누가 결혼할 자격이 있는지를 결정하려면, 결혼의 목적과 결혼이 칭송하는 미덕을 생각해야 하기 때문이다. 이것은 도덕의 영역에 해당하며, 도덕의 영역에서는 좋은 삶이 무엇인가에 대한 대립적인 입장들 사이에서 중립을 취할 수 없다는 것이다. 국가의 중립성 테제는 미국사회의 쟁점 가운데 하나인 동성 결혼의 문제에 대해 제대로 된 해답을 주지 못한다는 것이다.

중립을 열망하는 공공철학

샌델은 1960년 존 F. 케네디의 연설은 그 당시 공공철학이 반영된 것으로 해석한다. 1960~1970년대 공공철학은 정부는 도덕적·종교적 문제에서 중립을 지켜서, 개인이 스스로 무엇이 좋은 삶인지를 자유롭게 선택할 수 있도록 해야 한다는 철학이었다.

미국의 공화당과 민주당은 중립을 주장했지만, 구체적인 내용은

달랐다. 샌델은 이 잘 알려진 양당의 정책과 철학적 기초를 소개하고 있다.

공화당은 경제정책에서, 민주당은 사회·문화 문제에 대해 정부가 중립을 지켜야 한다고 하였다. 공화당은 경제와 관련된 사안에 대해서는 개인이 자유롭게 선택을 해야 한다고 믿었기 때문에 자유 시장에 대한 정부 개입에 반대했다. 공화당은 정부가 납세자의 돈을 거두어 공적 목적을 위해 사용하거나 경제활동을 규제하는 것은 곧 국가가 공공선을 위해 개인의 자유를 침해하는 것으로 해석한 것이다. 개인의 선이 아니라 공동의 선을 추구하려면 국가의 강제가 개입될 수밖에 없다. 따라서 공화당은 정부의 재정지출 확대보다는 세금 감면이 더 바람직하다고 주장한다. 어떤 목적을 추구하고 내 돈을 어디에 쓸 것인가를 개인이 자유롭게 결정할 수 있어야 개인의 선택의 자유는 보장된다는 자유주의 철학의 반영이라고 할 수 있다.

반면에 민주당은 정부가 여러 목적들 사이에서 중립을 지켜야 한다는 생각을 거부하고 정부가 특정 목적을 위해서는 자유시장에 개입해야 한다고 주장하였다. 민주당은 공화당과 달리 사회·문화 문제에 대해서는 중립을 지켜야 하지만, 경제 부분에서는 국가 개입을 옹호한 것이다. 정부가 성적(性的)인 문제나 출산 결정에서 '도덕을 입법화'해서는 안 된다는 입장을 견지하면서도, 증세와 복지를 옹호한 것은 바로 경제 부분에 대한 국가 개입을 지지했기 때문이다. 그러면서도 도덕을 입법화하면 사람들에게 특정한 도덕적·종교적 신념을 강요할 수밖에 없기 때문에 낙태나 동성애처럼 도덕적 논란이 되는 문제에 대해서는 개입하지 말고 중립을 지킴으로써 개인에게 선택권을 주어야 한다고 주장하였다.

샌델은 존 롤스가 1971년에 『정의론』에서 존 F. 케네디의 연설이 암시한 자유주의적 중립 개념을 철학적으로 옹호한 것으로 이해한다. 자유주의의 중립을 비판하는 공동체주의자들은 1980년대 초에, 롤스 이론의 바탕이 되는 자유로운 선택권을 지닌, 부담을 감수하지 않는 자아라는 개념에 문제를 제기했다. 공동체주의자들은 공동체의 연대를 강조할 뿐만 아니라 도덕과 종교 문제에 더 적극적인 공적 개입이 있어야 한다고 주장했다.

샌델은 롤스가 1993년에 출간한 『정치적 자유』에서는 자신의 비판을 받아들여 일부 수정했다고 말한다. 롤스가 사람들의 개인적 삶에서 "애정 · 헌신 · 충성을 배제하지 않는, 아니 배제할 수도 없으며 그래서도 안 된다고 믿는 경우가 많다."라고 말했기 때문이다. 뿐만 아니라 롤스는 "사람들은 특정한 종교적 · 철학적 · 도덕적 신념 또는 지속되는 어떤 애착이나 충성심을 본인으로부터 떼어내는 것은 생각할 수 없다"고 했다. 이것을 두고 샌델은 자신을 전체의 일부로 여기고 도덕적 부담을 감수하는 자아를 어느 정도 인정한 것으로 받아들인다.

하지만 롤스는 그러한 충성심과 애착이 시민으로서의 정체성에는 영향을 미치지 말아야 한다고 주장하였다. 정의와 권리를 토론할 때에는 개인의 도덕적·종교적 신념은 접어두고 특정한 충성·애착·좋은 삶에 관한 주관적 견해로부터 독립적인, '인간에 대한 정치적 관념'에서 자신의 주장을 전개해야 한다고 하였다.

샌델은 정의와 권리에 관한 공개 담론에서 도덕적·종교적 신념을 배제해야 할까? 라고 묻는다. 시민으로서의 정체성과 도덕적 존재로서의 정체성을 분리해야 한다고 롤스는 생각하지만, 샌델은 여기에 동의하지 않는다. 롤스가 그렇게 한 이유는 현대사회에서 널리 받아들여지고 있는 좋은 삶에 관한 '합당한 다원주의'를 존중해야 하기 때문이다. 현대 민주주의 사회에서는 사람들은 자신의 도덕적·종교적 물음에 대해 합의에 도달하지 못한다. "뛰어난 이성적 사고력을 가진 양심적인 사람들이 자유로운 토론 뒤에 항상 한 가지 결론에 도달할 것이라고 기대할 수는 없다."라고 말한다.

샌델은 롤스가 자유주의적 중립을 옹호하는 이유를 사람들이 도덕적·종교적으로 서로 다른 의견에 직면했을 때 관용을 베풀 필요성을 인정했기 때문이라고 설명한다. 롤스는 "모든 것을 고려하여 어떤 도덕적인 판단이 옳은가는 정치적 자유주의가 판단할 문제가 아니다." 서로 다른 도덕적·종교적 교리 사이에서 비(非)편파성을 유지하기 위해 정치적 자유주의는 "그 교리들이 이견을 보이는 도덕적 주체는 다루지 않는다."고 말했다.

샌델은 시민으로서의 정체성을 도덕적·종교적 신념에서 분리하라는 요구가 의미하는 것을 정의와 권리에 대한 공적 담론에서 자유주의적 공적 이성에만 충실해야 한다는 것으로 해석한다. 롤스가 정부는 좋음에 관한 특정 견해를 지지하지 말아야 하며, 시민은 정의와 권리를 토론할 때 자신의 도덕적·종교적 신념을 끌어와서는 안 된다고 주장하는 이유는 자신의 신념을 끌어올 경우, 그리고 그런 주장이 우세해질 경우, 다른 시민에게 특정한 도덕적·종교적 교리에 기초한 법을 효과적으로 강조할 수 있기 때문이다. 그렇다고 자유주의자들에게 도덕적·종교적 신념이 없는 것은 아니다. 자유주의자들은 그것이 각기 다를 수 있음을 인정해야 한다고 주장한다.

샌델은 롤스가 주장하는 공적 담론에서 자유주의적 공적 이성에만 충실하다는 것과 정부의 중립성을 같은 의미로 해석하는 것이다. 정부가 좋음에 관한 특정 견해를 지지하는 것은 그것을 법제화하는 것이다. 샌델은 공적 담론에서 도덕적·종교적 신념을 끌어들이는 것과 정책에 그것을 반영하는 것을 분리된 것으로 보지 않는다. 공적 담론이 정책과 직결될 수도 있다.

샌델은 공적 이성이 작동하여 도덕이나 종교적 견해가 반영되지 않는 것을 판단하는 기준으로 롤스가 제시한 예를 검토한다. 롤스는 "우리가 공적 이성을 따르는지 알아보려면 이렇게 질문해 보자. 어떻게 하면 우리 주장이 대법원의 견해 같은 느낌을 줄 수 있겠는가?" 이것이 롤스가 제시한 자유주의에 기초한 공적 이성이 요구하는 중립성을 판단하는 기준이다.

샌델은 롤스를 다시 인용한다. "판사는 당연히 자기만의 도덕을 적용해서도, 일반적 도덕의 이상이나 자신이나 타인의 종교적·철학적 견해를 적용해서도 안 된다." 롤스는 시민으로서 공개토론에 참여할 때에도 이러한 자제력이 필요하다고 보았다는 것이다. 대법원 판사처럼 우리도 도덕적·종교적 신념은 접어두고, 자신을 자제하며, 모든 시민이 이성적으로 받아들일 수 있는 논리만 내세워야 한다고 생각했다는 것이다.

샌델은 롤스를 인용하면서 이것이 바로 존 F. 케네디가 주장하고 버락 오바마가 거부한 자유주의적 중립의 이상이라고 주장한다. 이 이상이 1960년대부터 1980년대까지 미국 민주당의 정치철학이라는 것이다. 따라서 민주당은 자신들의 정치 담론에서 도덕적·종교적 논의를 상당 부분 제거했다는 것이다.

그런데 샌델은 이러한 정치풍토를 받아들이지 않은 인물들이 마틴 루터 킹, 1968년 민주당 대통령 후보였던 로버트 케네디, 버락 오바마 대통령이라고 주장한다. 킹 목사는 도덕적·종교적 논리를 기초로 시민권이라는 대의명분을 발전시켰다. 베트남전쟁 반대 운동은 도덕적·종교적 담론으로 활력을 얻었다고 보았다. 샌델은 이들을 자유주의 정치철학인 '국가의 중립성' 테제를 받아들이지 않은 미국의 위대한 인물로 높이 평가한다.

좋은 삶에 기초한 정의

샌델은 마지막 장에서 자신의 입장을 정리하면서 다시 한 번 이 책의 주조(主調)를 이룬 정의를 이해하는 세 가지 접근법을 반복한다. 그가 제시한 정의를 이해하는 첫 번째 방식은 공리주의의 정의론이다. 공리주의는 공리나 복지의 극대화, 즉 최대 다수의 최대 행복을 추구하는 것이 정의이다. 두 번째 정의론은 자유주의적 정의론으로서, 정의란 선택의 자유를 존중하는 것이다. 여기에서 말하는 선택은 자유시장에서 사람들이 실제로 행하는 선택일 수도 있고, 사람들이 원초적으로 평등한 상황에서 '하게 될' 가상적 상황에서의 선택일 수도 있다. 전자는 자유지선주의의 정의론이고, 후자는 자유주의적 평등주의의 정의론이다. 세 번째 정의론은 미덕을 키우고 공공선을 고찰하는 것으로 정의를 이해하는 정의론이다.

샌델은 정의론을 이렇게 3가지로 분류하면서, "당신도 눈치 챘겠지만, 나는 세 번째 방식을 좋아한다"라고 말하면서 자신의 정의론을 선언한다. 그의 정의론은 아리스토테레스의 목적론에 기초를 둔 공동체주의적 정의론이다. 샌델은 자신이 공리주의와 자유주의의 정의론을 거부하고 공동체주의적 정의론을 옹호하는 이유를 다음과 같이 제시하고 있다.

샌델이 제시한 공리주의의 단점은 2가지다. 첫째로 공리주의는 정의와 권리를 원칙이 아닌 계산의 문제로 만든 것이고, 두 번째가 인간의 모든 선(good)을 하나의 가치 척도로 환산하여 획일화하고, 그것의 질적 차이를 고려하지 않는 것이다.

샌델은 자유에 기초한 자유주의는 첫 번째 문제는 해결하지만 두 번째는 해결하지 못한다고 말한다. 자유주의 정의론은 권리를 중요하게 생각하면서 정의가 단순히 계산의 문제만은 아니라고 주장한다. 자유주의자들은 어떤 권리가 중요한 권리인가에 대해서는 의견이 다르지만, 몇몇 권리들은 기본적인 것으로 존중해야 한다는 것에 대해서는 의견이 일치한다.

그러나 샌델은 자유주의 정의론은 사람들의 기호 자체를 있는 그대로 인정한다는 것을 문제점으로 지적한다. 자유주의는 우리가 공적 삶의 영역으로 가져오는 취향과 욕구에 의문을 가지거나 시험해보라고 요구하지 않는다는 것이다. 자유주의 정의론에 따르면, 우리가 추구하는 목적의 도덕적 가치, 우리가 살아가는 삶의 의미와 중요성, 우리 모두가 공유하는 삶의 질과 특성은 하나같이 정의를 논의하는 영역 밖에 속한다는 것이다. 이것이 문제라는 것이다.

샌델은 공리주의와 자유주의의 정의론을 검토하변서, 정의로운 사회는 단순히 공리를 극대화하거나 선택의 자유를 확보하는 것만으로는 이룰 수 없다고 주장한다. “정의로운 사회를 만들기 위해서는 좋은 삶을 함께 고민하고, 그 과정에서 발생할 수밖에 없는 다른 의견들을 기꺼이 수용하는 문화를 만들어야 한다"고 주장한다. 그렇다면 모두가 공유하는 좋은 삶이란 어떻게 성립할 수 있는가. 이것은 모순이 아닌가?

샌델은 다음과 같이 말한다.

> "단일한 원칙이나 절차를 만들고, 그에 따라 소득·권력·기회 등 모든 것을 정당하게 분배할 수 있다면 얼마나 좋을까 하는 생각이 드는 것은 사실이다. 그런 원칙을 찾을 수만 있다면 좋은 삶을 토론하는 과정에서 항상 생기는 소란과 논쟁을 피할 수 있을 것이다.
>
> 하지만 그러한 논쟁을 피하기란 불가능하다. 정의에는 어쩔 수 없이 판단이 개입된다. 구제금융이나 상이군인 훈장, 대리출산이나 동성 결혼, 소수집단 우대정책이나 군 복무, 최고경영자의 임금이나 골프 카트 이용 권리를 두고 어떤 논란을 벌이든, 정의는 영광과 미덕, 자부심과 인정에 관해 경쟁하는 여러 개념들과 관련되어 있다. 정의는 올바른 분배의 문제일 뿐만 아니라 올바른 가치 측정의 문제이기도 하다."

여기에서 샌델의 입장이 확연하게 드러난다. 정의는 단순히 올바른 분배의 문제만은 아니라는 것이다. 정의론에는 올바른 가치 측정의 문제가 포함되어야 한다는 것이다. 가치 측정의 문제라는 것은 윤리학의 문제이다. 윤리학은 무엇이 옳은 행동 또는 좋은 행동인가를 묻는 학문이다. 기존의 공리주의와 자유주의의 정의론을 넘어 자신의 정의론은 "무엇이 옳은 것인가(*What's the right thing to do*)?"라는 물음을 포함하고 있다는 것이다. 그는 분배의 문제뿐만 아니라 옳음, 좋음과 같은 전통적으로 윤리학에 속했던 개념들을 정의론에 끌어들인 것이다. 윤리학의 확장으로서의 정의론을 구축함으로써 윤리학을 정의론의 관점에서 다시 볼 수 있는 계기를 마련한 점에서 학문적으로 의미 있는 일이다.

그러나 샌델의 토론 문화에 대한 존중과 '정치의 중립성'이 서로 모순을 일으킬 수 있다는 사실을 지적해야 한다. 샌델의 공동체주의는 좋은 삶에 대한 아리스토텔레스의 입장을 받아들이고 있는데, 토론을 통해 이 입장을 모든 사람들이 받아들일 것이라고 기대할 수는 없다. '소란과 논쟁'을 인정하면 '좋은 삶'에 대한 아리스토텔레스의 입장은 포기해야 한다.

빈부격차와 시민의 미덕

샌델은 오늘날 미국의 빈부격차가 계속 벌어지다가 드디어 1930년대 이래 가장 크게 벌어졌다고 말한다. 그러나 불평등은 정치문제로 비화되지 않았다고 말한다. 그러면서 2008년 대선운동 때 버락 오바마가 소득세율을 1990년대 수준으로 되돌리겠다는 소박한 제안을 내놓았다가 상대 후보로부터 부를 분산시키려는 사회주의자라는 소리를 들어야 했다고 말한다.

그는 정치에서 불평등이 좀처럼 주목을 받지 못했지만, 정치철학자들 사이에는 중요한 주제였다고 말한다. 1970년대부터 지금까지 소득과 부의 공정한 분배는 정치철학의 중심 주제였다는 것이다. 하지만 철학자들은 불평등의 문제를 공리나 합의의 틀로만 바라보는 경향이 있어서, 도덕 및 시민성 회복 운동의 핵심이자 정치 청문회를 열 만한 주제인 불평등에 반대하는 주장을 간과한다고 안타까워한다.

샌델은 불평등에 대한 세 가지 입장을 검토한다. 어떤 철학자들은 가난한 자를 돕기 위해 부자에게 세금을 부과해야 한다는 주장을 공리주의적인 관점에서 옹호한다. 부자에게 100달러를 거둬 가난한 사람에게 주면 부자들의 행복은 약간 줄지만 가난한 사람들의 행복이 크게 증가하기 때문에 행복의 총합이 훨씬 더 커진다는 논리다.

두 번째 소개하고 있는 불평등 해소책은 롤스의 것이다. 롤스는 가상적 상황에서의 합의에 근거하여 재분배를 옹호한다. 그는 원초적으로 평등한 지위에서 가상적 계약을 한다고 가정하면, 누구라도 재분배 원칙에 동의할 것이라고 믿었다.

샌델은 세 번째로 자신의 입장을 소개한다. 미국인의 삶에서 불평등이 심화되는 것을 우려하는 가장 큰 이유는 빈부의 격차가 지나치면 민주시민에게 요구되는 연대가 약화되기 때문이라는 것이다. 불평등을 해소해야 하는 가장 중요한 이유는 연대를 유지하기 위해서라는 것이다.

샌델은 완전평등을 주장하지 않고 '부자와 가난한 사람 사이의 지나친 불평등(too great a gap between rich and poor)'이라고 하였다. 그러나 그는 누가 부자이고 누가 가난한 자이며, 어느 정도의 불평등이 지나친 불평등인가에 대해서는 아무런 설명을 하지 않았다. 그러면서 그는 구체적인 예를 제시하고 있다.

불평등이 깊어질수록 부자와 가난한 자의 생활은 더욱 분리된다. 풍족한 사람들은 아이들을 사립학교나 부유한 지역의 공립학교에 보낸다. 이렇게 되다 보니 도심 공립학교에는 오도 가도 못하는 가난한 가정의 아이들만 남는다. 학교뿐만 아니라 다른 공공제도나 시설에서도 비슷한 현상이 발생한다. 사설 헬스클럽이 시에서 운영하는 공공체력단련장과 수영장을 대체한다. 상류층 지역에서는 사설 경비업체를 고용하고 경찰에 덜 의존한다. 자동차가 한 집에 두세 대 있다 보니 대중교통에 의존하는 사람이 줄어든다. 이처럼 부유층이 공공시설이나 공공서비스를 이용하지 않게 되면서, 경제적으로 능력이 없는 사람들만 그것을 이용하게 된다.

샌델은 이것이 문제인 이유를 2가지 제시한다. 하나는 재정문제이고, 다른 하나는 시민의식의 문제라는 것이다. 공공서비스를 더 이상 이용하지 않는 사람들이 자신의 세금으로 공공서비스를 지원하는 것을 꺼리면서 서비스의 질이 떨어진다는 것이다. 두 번째로, 다양한 계층의 사람들이 서로 만날 수 있는 학교, 공원, 운동장, 시민회관 같은 공공시설이 들어서지 않게 된다는 것이다. 과거에는 사람들이 모이고 시민의 미덕을 함양하는 비공식 학교 구실을 했던 공공시설이 크게 줄어들게 된다는 것이다. 공적 영역에 남는 것이 없으면 민주시민 의식의 토대가 되는 연대와 공동체 의식을 키우기가 어려워진다는 것이다.

이런 이야기를 하면서 샌델은 불평등은 공리나 합의와는 별개로 시민의 미덕을 훼손하기 때문에 문제라는 것이다. 샌델은 시장에 매혹된 보수주의자들과 재분배에 관심을 쏟는 미국의 자유주의자들은 이러한 손실을 간과한다고 주장함으로써 이들과 자신을 차별화하려고 하였다.

샌델은 여기에서 그치지 않고 공공 영역이 잠식되는 것을 막을 수 있는 해결책을 모색한다. 그는 공공선을 추구하는 정치가 시민적 삶의 인프라를 재구축하는 것을 자신의 가장 중요한 목표로 삼았다고 말한다. 재분배의 목적을 사적 소비의 확장에 두지 않고, 부자에게 거둔 세금을 공공기관과 서비스의 재건에 사용하여 부자와 가난한 사람이 함께 그것들을 이용할 수 있도록 하는 것이다.

이전 세대는 연방정부의 고속도로 건설에 엄청난 돈을 투자했고, 그 결과 미국인들은 개인적으로 마음대로 이동할 수 있는 자유를 누리게 되었다. 하지만 그것으로 인해 자가용 의존, 도시 외곽의 분별없는 확장, 환경 악화, 공동체를 파괴하는 생활방식과 같은 폐단이 나타나게 되었다고 말한다. 그러면서 샌델은 현 세대는 시민사회를 재건할 수 있는 기반시설을 건설하는 데 크게 투자해야 한다고 주장한다.

곧 부자와 가난한 사람이 자신의 자녀를 함께 보내고 싶어 하는 공립학교, 상류층 통근자를 유인할 수 있는 대중교통 체계, 보건소, 운동장, 공원, 레크리에이션 센터, 도서관, 박물관과 같은 장소를 새롭게 구축하여 민주시민 의식을 공유할 수 있는 장으로 만들어야 한다는 것이다.

샌델은 불평등이 시민에게 미치는 결과와 그것을 바로잡을 수 있는 방법에 초점을 맞춘다면, 소득의 분배에 대한 논의가 할 수 없는 정치적 견인력을 찾을 수 있을 것이라고 말한다. 그리고 그렇게 하면 분배의 정의와 공공선 사이의 연관을 고찰하는 데 큰 도움이 될 것이라고 말한다.

마지막 절에서 샌델은 도덕이 정치에 관여해서는 안 된다는 자유주의 정치철학을 비판하면서 시작한다. 자유주의자들은 무엇이 '좋은 삶'인가에 대해 공적으로 개입하는 것은 시민의 삶을 침해하는 행위이고 '자유주의적 공적 이성'의 범위를 넘어서는 행위로 간주한다. 정치와 법은 도덕적·종교적 논쟁에 휘말리지 말아야 한다는 생각은 자유주의 정치철학에서 나온 것이다. 샌델은 정치와 법이 도덕·종교와 얽히면 중세처럼 관용이 사라지고 강압적이 될 것이라는 우려 때문이라고 해석한다. 그는 자유주의의 이러한 입장을 일리가 있는 것으로 인정한다. 다문화사회의 시민들은 도덕과 종교에 대해 서로 다른 입장을 견지한다.

샌델은 상호존중을 바탕으로 한 정치가 가능하기 위해서는 지금까지 우리가 해온 것과는 달리 더 왕성하게 정치·사회 문제에 적극적으로 참여하는 시민생활이 필요하다고 말한다. 최근 수십 년간 우리는 동료 시민의 도덕적·종교적 신념을 존중한다는 것은 적어도 정치적 목적과 관련된 경우에 한해서 그 신념을 무시하지 않고, 그것을 간섭하지 않고, 그것을 언급하지 않으면서 공적 생활을 영위하는 것을 의미했다. 그러나 샌델은 이렇게 회피에서 나온 존중은 거짓 존중일 수 있다고 주장한다. 때때로 이런 태도는 도덕적 의견의 차이를 실제로 회피하는 것이 아니라 억압하는 것으로 본다. 따라서 이런 태도는 반발이나 분노를 유발할 수 있다는 것이다.

샌델은 도덕적 의견의 차이에 좀 더 적극적으로 공적인 참여가 행해지는 것은 상호존중의 기반을 약화시키는 것이 아니라 더욱 굳건하게 할 것이라고 말한다. 동료 시민의 공적 생활에서 드러나는 도덕적·종교적 신념을 피하기보다는 때로 그것에 도전하고 경쟁하면서, 때로는 그것을 경청하고 배우면서, 더욱 직접적으로 참여해야 한다는 것이다.

샌델은 어려운 도덕적 문제에 대해 공적으로 숙고한다고 해서 합의를 이끌어 낼 수 있다거나 타인의 도덕적·종교적 견해를 인정할 것이라는 보장이 없음을 인정한다. 그는 도덕적·종교적 교조에 대해 알면 알수록 우리는 그것을 더 싫어하게 될 수도 있다는 가능성을 인정한다. 그러면서도 그는 우리가 그렇게 해보기 전까지는 알 수 없다고 주장한다. 샌델은 도덕이 관여하는 정치는 회피하는 정치보다 더 희망찬 이상을 우리에게 부여할 것이라고 확신한다. 뿐만 아니라 이러한 정치는 정의로운 사회를 위하여 더 확실한 기반을 제공할 것이라고 단언한다.

제7부 샌델의 정의론 돌아보기

샌더스와 트럼프 돌풍에 대한 샌델의 해석

샌델은 대통령 예비선거에 대한 흥미로운 분석을 내놓았다. 그의 분석에 따르면, 샌더스와 트럼프는 서로 다른 방식으로 기성 정치권의 무사안일에 과감하게 도전함으로써 관습적 지혜에 반항한다. 샌더스의 놀라운 열풍은 최근 수십 년 동안 더욱 깊어진 불평등과 이것을 제대로 해결하지 못한 민주당의 실패에 대한 좌절의 표현이다. 소득 불평등은 1920년대 이후 가장 높은 수준으로 늘어났으며, 최근에 달성한 경제성장의 결실은 대부분 최상층에게 돌아갔다. 현재 최상위에 속하는 1%가 가진 부는 하위 90%가 가진 부를 모두 합친 것과 비슷하다.

샌델은 소득과 부의 집중은 정치에서도 일어나고 있다고 주장한다. 2016년 대선 경선 초기에 민주당과 공화당이 모금한 기부금의 절반이 부자 158개 가문이 제공한 것이었다. 도널드 트럼프의 상승에

불을 붙인 것은 이해하기 어려운 정치 시스템을 보고 분노하고 좌절을 느낀 보통 사람들이었다. 정치적 배경의 차이에도 불구하고 샌더스와 트럼프는 시민들의 분노와 좌절에 호소하고 있다. 거대한 자본과 무책임한 권력 앞에서 속수무책으로 서 있는 시민들의 상실감에 호소하고 있는 것이다.

샌델은 아메리칸 드림이 소득과 부의 불평등의 완화를 의미했던 경우는 없었다고 말한다. 아메리칸 드림은 사람들 자신이 상위 계층으로 올라갈 수 있고, 자신의 아이들이 올라갈 수 있는 기회를 갖는 것을 의미했다. 일반적으로 미국인들은 유럽인과 비교하여 불평등에 대해 관대하였다. 미국인들은 그들이 소득과 부에 있어서 격차가 복지국가 유럽보다 더 클 수 있어도, 그들이 태어날 당시의 계층에 묶여 살지 않는다는 확신을 가지고 있었다. 평등성(平等性)이 아니라 이동성(移動性)이 자유를 재는 척도였다.

그러나 최근 수십 년 동안 이러한 믿음에 균열이 왔다. '열심히 일하고 규칙을 지키며' 사는 사람이 앞서가기 마련이라는 오랫동안 통용되어 온 믿음이 미국의 근로계층과 중산층 시민들에게 통하지 않게 되었다. 최근 몇 십 년 사이에 일어난 심화되는 불평등이 상승의 기회를 압도하였다. 불평등이 증가하면서 경제적 이동성이 얼어붙었다. 현대 미국사회의 이동성은 유럽의 중요 국가들보다 나쁜 상태로 떨어졌다.

소득이 하위 20%에 속한 미국의 가정에서 태어난 미국의 남자가 어른이 되어서도 그 자리에 머물 가능성은 42%이다. 영국은 30%이고 덴마크는 25%이다. 미국의 남성들 가운데 오직 8%만이 하위 20%에서 상위 20%로 이동한다. 이것은 세대 간에도 적용된다. 미국보다 덴마크, 노르웨이, 캐나다, 스웨덴, 독일과 프랑스에서 계층 이동이 더 활발하다. 미국이 아니라 덴마크에서 '아메리칸 드림'이 살아 있다. 샌델은 미국에서 계층의 상승 이동에 대한 전망이 소득과 부의 불평등을 상쇄할 수 있는 현실적 대안이 되지 못한다면 아메리칸 드림에서 평등의 의미를 다시 생각해야 한다고 말한다.

샌델은 이런 현상을 미국 유권자들이 좌경화나 우경화로 치닫고 있는 것으로 해석하지는 않는다. 그는 이런 현상을 양당이 함께 수용하고 있는, 상류층에게만 많은 혜택을 주고 대부분의 나머지 사람들의 삶을 불안정하게 만든 신자유주의적 경제 질서에 대한 대중들의 저항으로 해석한다. 샌더스와 트럼프의 부상은 이데올로기에서 나온 것이 아니라 아메리칸 드림이 사라지고 있다는 불안감에서 나왔다는 것이다. 현재 미국의 제도는 보통 사람들에게 불리하게 조직되어 있다는 것이다. 샌델은 대부분의 미국인들이 이렇게 된 이유는 자신이 자신의 삶을 지배하는 정치나 경제 세력에 대한 통제력을 상실했기 때문이라고 믿는다.

샌더스와 트럼프 돌풍과 관련하여 샌델이 제시하고 있는 해결책은 시민들이 자치를 회복하여 시민들의 이익을 배반하고 자신들의 이익만을 추구하는 정치와 경제 세력을 통제할 수 있는 힘을 갖는 것이다. 시민들이 정치와 경제 세력을 통제할 수 있는 힘을 가지면, '아메리칸 드림'이 다시 살아날 수 있을 것으로 생각한다. 뿐만 아니라 자치가 살아나면 현재 미국의 경제적 불평등을 완화할 수 있는 제도도 만들 수 있을 것으로 본다. 이것이 현재 미국의 문제에 대한 샌델의 해결책이고, 그의 해결책은 공화주의적 공공철학이다.

샌델이 사랑하는 공공철학 : 공화주의

샌델은 자신의 정치철학을 '공화주의적 공공철학'에 포함시킨다. 공공철학은 언론인 월터 리프만이 1955년에 『공공철학』이라는 책을 저술하면서 생성된 개념이다. '공공철학'은 '사람들이 공유하고 있는, 현실 속에서 정치와 사회를 움직이는 사상이나 사고'를 의미한다. 공공철학은 1980년대에 샌델을 비롯한 공동체주의자들이 강조하면서 널리 사용되었다.

샌델은 자유주의 공공철학과 구별되는 자신의 새로운 공공철학을 제시함으로써 서구 정치철학에서 지배적인 이념으로 통용되어 온 자유주의를 비판하고 대안을 제시한 것이다. 샌델은 자유주의 정치철학이 서구의 근대성 형성에 결정적인 영향을 미쳤다고 본다. 자유주의 정치철학은 '개인의 자유'를 중시한다는 점에서 '참여적 자유'를 중시한 고대 그리스 정치철학과 구분된다. 개인의 자유에 대한 중시는 로크, 홉스, 칸트, 밀이 대표하는 고전적 자유주의의 근간이며, 이 철학은 뒤늦게 서구를 쫓아 근대화를 시행한 모든 나라에 영향을 미쳤다.

미국 정치의 이념적 지형은 민주당과 공화당, 자유지선주의로 크게 구분된다. 민주당은 자유주의, 공화당은 보수주의 이념을 표방한다. 자유지선주의를 표방하는 정당도 있지만 이 정당은 정권을 획득한 적은 없었다. 미국 정치의 역사는 민주당과 공화당이 번갈아 집권한 역사이다. 자유주의를 표방하고 있는 민주당은 경제생활에서 연방

정부의 역할이 확대되는 것을 원했고, 공화당은 축소되는 것을 원했다. 낙태나 동성애와 같은 개인의 생활에서도 서로 반대 입장을 견지했다. 민주당이 낙태나 동성애에 찬성하는 반면, 공화당은 반대한다. 민주당이 복지의 확대를 원하는 반면 공화당은 축소를 원한다.

이런 정치적 지형에서 샌델은 자신의 정치철학을 새롭게 구축하려고 한다. 그는 현재 미국의 정치는 문제가 있으며, 미국 국민은 민주주의에 대한 불만으로 가득 차 있다는 것이다. 정치에 대한 국민의 불만을 해소하고 미국이 새로운 방향으로 나아가기 위해 필요한 정치철학이 바로 자신의 '시민적 공화주의'라고 확신한다. 이런 확신의 배경에는 지금까지 민주당과 공화당이 주도해온 미국의 정치는 세부적인 측면에서 약간의 차이를 보이지만, 양당은 공통적으로 큰 틀에서 자유주의 공공철학을 신봉해 왔다는 것이다. 이제 미국의 문제를 해결하기 위해서는 자유주의 공공철학이 공화주의 공공철학으로 변해야 한다는 것이 샌델의 진단과 처방이다.

그렇다고 미국의 역사에서 자유주의 공공철학만 존재했던 것은 아니다. 샌델이 '진보의 시대'라고 부르는, 미국이 독립하고 농업사회에서 산업사회로 변모할 때 공화주의 공공철학을 주창하는 학자들과 정치인들이 있었다. 서로 다른 두 공공철학은 공존하면서 경쟁하였지만 대공황과 뉴딜정책을 계기로 케인스 경제학이 우세해지면서 1960년대에는 완전히 자유주의 공공철학이 주도권을 장악하여 오늘에 이르게 되었다는 것이다. 이런 상황에서 샌델은 미국 공공철학이 자유주의에서 공화주의로 변해야 한다고 확신한다.

샌델이 『정의란 무엇인가』에서 제시한 공동체주의 정의론이 공화주의 공공철학에 해당한다. 샌델은 자유주의 공공철학 대신에 '자유주의적 자유', '절차적 공화정', '자유주의 정치경제학'이라는 말을 사용하고, 공화주의 공공철학 대신에 '공화주의적 자유' 또는 '시민의식적 정치경제학', '형성적 정치'라는 말을 사용하기도 한다. 그는 서양의 정치철학과 정치가를 자유주의자냐 공화주의냐로 양분한다.

샌델은 자신의 공화주의 공공철학에 이념적 기초를 제공해온 철학자들과 그 철학을 받아들인 정치인을 칭송하고, 자유주의 공공철학을 구축하거나 자유주의를 신봉해온 정치가를 비판하고 문제가 있다고 평가한다. 샌델이 높이 평가하는 철학자에는 아리스토텔레스, 테일러, 매킨타이어, 왈츠, 브랜다이스, 크롤리 등이 포함되고, 그가 비판하는 철학자에는 칸트, 벤덤, 밀, 노직, 롤스 등이 포함된다. 그가 칭송하는 정치가에는 제퍼슨, 로버트 케네디, 오바마 등이 포함된다. 일관적이지는 않았지만 때때로 공화주의의 중요성을 깨달은 정치인으로 플랭클린 D. 루즈벨트, 레이건, 빌 클린턴 등을 거론한다.

샌델은 현재 미국사회의 위기를 시민사회의 위기에서 찾는다. 그는 "사람들에게 도덕적 기준과 소속감을 부여해 온 가족, 이웃, 도시, 마을, 학교, 종교회당, 노동조합과 같은 공동체 곧 '시민사회(civic society)' 기관들의 해체와 함께 미국사회가 위기에 처했다고 진단한다. 샌델은 이렇게 된 원인을 미국 사회에서 '공화주의적 자유'가 쇠퇴하고 그 자리를 '자유주의적 자유'가 대신하게 되었기 때문이라고 주장한다. 곧 공화주의 공공철학이 사라지고 자유주의 공공철학이 번성하여 오늘날 미국사회가 당면하고 있는 위기가 도래하였다는 것이다.

샌델에 따르면, 공화주의 공공철학은 시민의 자유를 자치에 참여하는 것에서 찾는다. 정치 참여는 개인이 자신의 목표를 추구하기 위해 선택하는 방법들 가운데 하나이기 때문이다. 그러나 공화주의 정치 이론에 따르면 '자치에 참여하는 것'은 개인이 정치를 통해 자신의 목표를 추구하는 것 이상의 의미를 지닌다.

자치에 참여하는 것은 "사람들로 하여금 동료 시민과 함께 공공선에 대해 고민하도록 하며 정치공동체의 운명을 형성하도록 돕는 것이다." 공공선에 대한 숙고는 자신의 목적을 선택하고 동일한 선택을 할 수 있는 다른 사람의 권리를 존중하는 능력 이상을 의미한다. 그것은 공공의 문제에 대한 지식과 전체에 속해 있다는 소속감과 관심, 문제가 되고 있는 공동체의 운명에 대한 도덕적 유대감을 필요로 한다. 따라서 자치에 참여하기 위해서 시민들은 어떤 시민적 덕을 소유하거나 습득해야 한다. 이렇게 되면 공화주의 정치는 시민들이 신봉하는 가치와 목적에 대해 중립적인 입장을 취할 수 없게 된다. '공화주의의 자유'는 '자유주의의 자유'와 달리 '형성적 정치(formative)'를 요구한다. '형성적 정치'란 시민이 자치를 행사하기 위해 필요한 성품(性品)을 육성시키는 정치이다.

자유에 대한 공화주의와 자유주의의 이해는 미국 정치의 역사 전반에 나타났다. 그런데 과거 수십 년 동안 미국의 정치를 지배한 것은 '시민적 또는 형성적 정치'가 아니라 '절차적 공화정'이었다는 것이 샌델의 진단이다. 국가의 역할은 '공정한 절차'를 제공하는 것에서 멈추었다. 정치가 시민적 덕성 계발을 장려하지 않고 자기 자신의 가치를 선택할 수 있도록 하는 데 멈추었다고 생각한다.

시민의식의 정치경제학

샌델은 현재의 경제학 논쟁의 주제는 번영과 공정성에 집약되어 있다고 진단한다. 과세정책이나 예산안, 규제정책은 모두 번영과 공정성을 둘러싸고 전개된다. 경제의 파이를 더 크게 키우거나 파이를 공정하게 분배하는 문제가 중심이다. 사람들은 이 둘 가운데 하나가 더 중요하거나 둘 다 중요하다는 입장을 취한다. 그러나 샌델은 경제정책이 항상 성장이나 분배에 맞추어졌던 것은 아니라고 말한다. 과거 미국에서는 "자치에 가장 적합한 경제정책이 무엇인가?"라는 물음도 있었다는 것이다.

시민주의적 입장에 서 있던 토머스 제퍼슨은 "버지니아 주에 대한 노트"(1787)에서 미국의 대규모 제조업 육성에 반대했다. 제퍼슨은 농업 중심의 생활이 덕을 갖춘 시민을 육성하고 자치를 실현하기에 가장 적합한 삶의 양식이라고 보았다. 농업에 종사하는 사람은 신의 축복을 받은 사람이고, 농사를 통해 시민의 미덕이 체화(體化)된다고 하였다.

당시 유럽의 정치경제학자들은 모든 국가가 제조업을 발전시켜 수요를 충족시켜야 한다고 주장하였지만, 제퍼슨은 대규모 제조업이 공화주의적 시민의식에 꼭 필요한 독립성을 상실한 무산계급(無産階級)을 산출할 것이라는 우려를 표명했다. 무산계급이 유산계급에 종속당하면 양자 사이에는 아첨과 굴종의 관계가 성립하고 미덕이 싹틀 수 없다고 보았기 때문이다. 나아가 제퍼슨은 제조업이 도덕적 타락을 초래하고 잘못된 습관을 가져올 것이라고 믿었다. 공화국의 활력은 시민의 올바른 태도와 정신에서 나오는데, 제조업은 이것을 타락시키고, 이러한 타락은 국가의 법률과 헌법의 정신을 파괴하는 병균이 될 것이라고 보았다.

미국의 역사 초기에 제조업을 장려할 것인가 농업 국가를 유지할 것인가를 둘러싸고 논쟁이 일어났을 때 제퍼슨은 농업 국가론을 주장하였지만 성공하지 못했다. 그러나 그가 주장한 공화주의적 경제론은 생명을 유지하면서 지지자를 얻었다. 샌델은 미국의 역사에서 시민주의적 정치경제학은 중요한 역할을 했으며, 진보주의자들이 자치를 위해 대기업에 맞서 싸울 수 있는 이론적 근거를 제공하였다고 생각한다.

경제의 거대화를 우려한 사람들은 경제권력을 분산시키고 이를 민주적 통제 아래 둠으로써 자치의 가치를 보존하려고 하였다. 또 다른 사람들은 경제권력의 집중을 저항할 수 없는 흐름으로 간주하고 국가가 갖는 민주제도의 권한을 확장함으로써 그것을 통제할 수 있는 방법을 모색했다. 당시 루이스 브랜다이스는 시장권력이 소비자 가격을 상승시킨다는 이유가 아니라, 시장권력이 민주정부의 권한을 손상시킨다고 보았기 때문에 시장권력에 대해 비판적인 태도를 견지하면서 경제권력의 분산화를 주장하였다.

브랜다이스는 거대 기업이 두 가지 방식으로 자치를 위협한다고 보았다. 그에 따르면, 직접적으로는 민주제도를 제압하고 그 통제를 무시하며, 간접적으로는 노동자들이 시민으로서 생각하고 행동할 수 있는 도덕적·시민적 능력을 훼손한다. 그는 집중화된 권력은 그것이 경제적인 것이든 정치적인 것이든 자치를 침해한다고 믿었다. 집중화된 권력에 대해 그가 제시한 해결책은 거대기업에 거대정부로 맞서는 것이 아니라 트러스트를 붕괴시키고 경쟁을 유지하는 것이었다. 오직 이러한 방법을 통해서만 탈(脫)중심화된 지역에 기반을 둔 기업을 중심으로 한 경제체제를 만들고 그것을 민주적 통제 아래 둘 수 있다고 생각했다.

브랜다이스는 산업민주주의가 노동자의 소득을 증진시킬 뿐만 아니라 그보다도 더 중요한 시민의 능력을 증진시킬 수 있다고 보았다. 브랜다이스는 자치 능력을 지닌 시민의 육성에 분배정의보다 더 높은 가치를 부여하였다는 점에서 오늘날 성장과 분배에 초점을 맞춘 경제학과 구별된다. 샌델은 브랜다이스의 경제학에 '시민의식의 정치경제학'이라는 이름을 부여했다.

미국의 공화주의 전통과 쇠퇴

샌델은 기업 권력의 위협에 대항한 진보주의 운동(Progressive movement)의 하나로 시어도어 루즈벨트의 신(新)국민주의(New Nationalism)를 검토한다. 루즈벨트는 경제의 분산화가 아니라 연방정부의 역량을 키워 거대기업을 규제하는 신(新)국민주의를 표방했다. 신(新)국민주의는 브랜다이스와 동일한 문제의식에서 출발하였지만 그와는 다른 해결책을 제시했다.

경제권력의 집중이 초래할 정치적 결과를 우려한 루즈벨트는 분권주의자와는 다른 방식으로 민주적 권위를 확보하려고 했다. 그는 거대기업을 산업의 발전이 초래한 피할 수 없는 결과로 인정하면서 그 기업을 통제할 수 있는 방법을 모색했다. 그는 대부분의 거대 기업들은 이미 주(州) 또는 국가의 경계를 넘나들고 있기 때문에 그 기업들을 통제할 수 있는 유일한 수단은 연방정부라고 보았다.

제퍼슨 이후의 공화주의와 마찬가지로 루즈벨트도 어떤 경제정책이 시민의 의식에 미칠 수 있는 영향력을 우려했다. 루즈벨트는 거대기업이 정부에 미치는 영향력을 축소시키고, 미국 시민들의 자기 이해의 수준을 높이려고 하였다. 루즈벨트는 '영구적이고 참된 도덕적 각성'인 '넓고 원대한 국민주의 정신'을 시민들의 의식에 심어주고 싶어 했다. 샌델은 루즈벨트의 신국민주의를 제도개혁 프로그램을 넘어서 새로운 국민의식의 양성을 촉구하는 형성적(formative) 프로젝트로 이해한다.

샌델에 따르면, 루즈벨트가 신국민주의를 신봉한 정치인이었다면, 허버트 크롤리는 신국민주의 사상가였다. 그는 『미국인의 생활 전망』(1909)에서 진보주의적인 국민주의 운동에 기초가 되는 정치론을 전개했다. 그는 미국의 산업적·정치적·사회적 생활의 중앙집중화가 증대하는 것에 발맞추어 미국 정부의 중앙집중화가 강화될 필요성이 있다고 보았다. 민주주의가 성공하기 위해서는 정치적 전국화가 필요하다고 본 것이다. 정치공동체가 주 단위가 아니라 국가적 차원으로 확대될 필요가 있다는 것이다. 이것이 바로 미국인의 생활의 규모와 정체성 사이에 벌어진 격차를 줄이는 길이다. 경제가 전국적으로 확산되면 그에 부응하여 민주주의도 사상과 제도 그리고 정신적인 측면에서 전국화 되어야 한다고 본 것이다.

크롤리는 민주주의가 권력 분립에 기초를 두어야 한다는 제퍼슨의 주장에 동의하지는 않았지만, 경제구조와 정치구조는 그것이 시민 정신에 미치는 영향력에 의해 판단되어야 한다고 봄으로써 제퍼슨과 같은 노선을 취했다. 크롤리가 주창한 미국 국민의 전국화 프로젝트는 '본질적으로 형성적이고 계몽적인 정치적 변화'를 목적으로 한 것이었다. 그는 미국의 민주주의의 발전을 위해 민주주의는 전국화 되어야 하고, 전국화된 민주주의를 발전시키기 위해서는 시민들에게 확대된 국가 정체성을 심어주어야 한다고 믿었다. 이를 위해 시민 교육이 필수적이라고 생각하였다.

샌델은 진보주의 개혁의 분산화 운동과 전국화 운동은 1912년 우드로 윌슨과 시어도어 루즈벨트의 대결에서 극명하게 드러났다고 설명한다. 그는 이를 브랜다이스와 윌슨 대 크롤리와 루즈벨트의 대결로 해석한다. 이들은 많은 점에서 차이를 표출했지만, 정치와 경제 제도는 자치를 위해 필요한 도덕적 자질을 장려하는가 아니면 훼손하는가에 의해 평가받아야 한다는 믿음을 함께 가지고 있었다. 모든 공적 제도를 평가하는 기준을 '자치를 위해 필요한 도덕적 자질의 육성'에 두었다는 점에서 이들의 정치경제학은 자유주의 정치경제학과 구분된다는 것이다.

샌델은 미국의 이런 전통에도 불구하고 오늘날 정치 경제 제도는 미국의 역사에 면면히 흐르는 공화주의적 진보주의적 흐름에서 완전히 멀어졌다고 주장한다. 이 흐름은 어떻게 경제구조를 경제권력의 집중으로부터 민주주의 정부를 보호할 수 있도록 조직할 것인가에 초점을 맞추었다. 그러나 오늘날의 정치경제학은 경제성장과 분배에 관심을 집중하였다. 샌델은 미국의 정치경제학이 이렇게 변한 계기를 뉴딜정책의 후반에서 찾는다. 그의 판단에 따르면, 뉴딜정책 후반기에 시작된 '성장과 분배에 초점을 맞춘 정의의 정치경제학(the political economy of growth and distributive justice)'은 1960년대 초반에 그 정점에 달하고, 마침내 '시민의식의 정치경제학(political economy of citizenship)'을 완전히 밀어냈다.

뉴딜정책, 케인스 혁명과 자유주의

샌델에 따르면, 뉴딜정책이 케인스 경제학을 받아들여 정부지출을 통해 경제 회복을 도모하면서 '시민의식의 정치경제학'으로부터 멀어졌다. 케인스의 경제학은 경제학에서 시민의식을 완전히 배제했다. 케인스주의자들은 경제정책이 더 이상 시민의식의 형성이라는 사명을 가질 필요가 없다고 보았다. 그들은 단순히 소비자들이 가지고 있는 선호(選好)를 수용하고 총수요(總需要)를 조정함으로써 경제를 운영하려고 하였다는 것이다.

케인스주의 경제학은 경제와 시민성의 육성을 분리하였다. 경제정책을 선택할 때 그것이 도덕, 특히 시민성에 어떠한 영향을 미칠 것인가를 최고의 기준으로 삼지 않았다는 것이다. 더 이상 시민성이라는 덕목으로 경제정책의 좋고 나쁨을 판단하지 않았다. 경제는 경제논리로 풀어야 한다는 주장이 힘을 얻기 시작한 것이다.

샌델은 제2차 세계대전이 끝날 무렵 미국 경제정책의 핵심 이슈는 20세기 초반 미국을 지배하였던 논쟁과 전혀 달라졌다고 말한다. 산업자본주의를 어떻게 개혁할 것인가라는 과거의 논쟁은 사라지고,

1960년이 되자 대부분의 경제학자들과 정책 입안자들은 “미국의 가장 중요한 경제문제는 총생산량을 신속하게 증가시키고 유지하는 것”이라는 데 동의하였다. 경제정책은 국부(國富)의 총량과 분배하는 것에만 관심을 기울이고, 경제정책을 통해 시민의식을 어떻게 육성할 것인가에는 아무런 관심이 없었다. 샌델은 시민의식의 정치경제학은 성장과 분배적 정의의 정치경제학에 완전히 자리를 내준 것으로 평가한다.

샌델은 케인스주의 경제학을 실행한 사람들이 자유주의라는 말로 자신들의 정책을 옹호하지는 않았지만, 새로운 정치경제학은 절차적 공화정(procedural republic)을 규정하는 자유주의의 두 가지 특성을 드러낸다고 분석한다. 첫째, 케인스의 경제학은 정책 입안자나 선출된 공직자들이 논쟁의 여지가 많은 좋은 사회에 대한 입장을 제외시키거나 유보할 수 있는 방법을 제시했다. 둘째, 케인스식 경제정책은 ‘형성적 프로젝트’를 포기함으로써 정부가 시민들의 도덕성을 형성해야 한다는 입장을 부정하고, 자유롭고 독립적인 자아로서 개인이라는 개념을 긍정했다.

케인스식 재정정책이 1960년대를 지배하면서 경제문제에 대한 미국의 정치 논쟁에서 시민의식의 정치경제학적 관점은 사라졌다는 것이다. 샌델은 이렇게 된 이유를 경제를 완전히 지배하려는 공화주의자들의 희망을 받아들이기에는 경제가 너무 거대하게 되었다는 사실과, 번영이라는 꿈에 빠진 전후 시대의 미국인들이 가진 자유에 대한 새로운 관점에서 찾는다. 이 관점에 따르면, 자유는 우리의 집단적 운명을 통제할 수 있는 힘을 함께 쌓을 수 있는 시민으로서 갖는 능력이 아니라 개인으로서 자신의 가치와 목표를 선택하고 추구하는 능력이다. 샌델의 공화주의 정치이론(republican political theory)의 관점에서 볼 때 이러한 변화는 치명적인 퇴행이다. '형성적 목표'를 포기하는 것은 '공화주의적 자유'의 프로젝트를 포기하는 것이다.

샌델은 미국인들이 경제성장을 이룩하고 패권을 획득하고 있어서 한동안 시민의식의 자유관(civic conception of freedom)의 소멸이 겉으로 뚜렷하게 드러나지는 않았다고 말한다. 그러나 1968년 월남전이 일어나고 빈민가에서 폭동이 발생하고 대학캠퍼스가 분규에 휩싸이고, 마틴 루터 킹 목사와 로버트 케네디가 암살당하면서 미국인들은 자신의 주변에서 일어나는 혼란과 제대로 대결할 수 있는 장비를 갖추고 있지 못하다는 생각에 빠져들기 시작했다.

자유주의 공공철학의 실패와 새로운 정치의 등장

샌델은 현대 자유주의 공공철학은 민주주의에 대한 불만을 해소하는 데 실패했다고 단정한다. 자유주의는 '자치(self-government)'를 실현하지 못했고, '자치'를 실현하기 위해 필요한 '품성'을 육성하지도 못했기 때문이다. 그러나 샌델은 자유주의적 공공철학에 기반을 두었던 정치가들 중에 레이건과 빌 클린턴이 이런 문제에 관심을 가졌다고 생각한다.

일부 보수주의자들은 공공정책과 정치 담론에서 시민적 덕성, 인격 형성, 도덕적 판단과 같은 공화주의적 가치를 도입했다. 특히 레이건은 공화주의적 요소를 강조하여 집권했다. 샌델은 레이건의 집권

이후 정책에 대해서는 항상 비판적이었지만, 인간적으로 그에 대해 호의를 가지고 있었다. 샌델은 고등학교에 다닐 때 레이건을 처음 만난다. 고등학교 학생회장을 맡고 있던 샌델은 당시 캘리포니아 주지사인 레이건의 이웃에 살고 있었다. 당시 샌델은 공화당의 유망주였던 레이건의 정치적 성향에 전혀 공감하지 않았지만, 당시 사회적 쟁점에 대해 그와 학생들이 토론하는 것은 매우 흥미로울 것이라는 생각에서 레이건을 자신의 학교로 초청하여 토론회를 가졌다.

샌델이 학생회장을 맡고 있는 고등학교 강당에 2천여 명의 학생들이 모였고, 샌델은 레이건과 함께 강당 무대 위에 올랐다. 덩치가 큰, 미래의 미국 대통령 레이건과 덩치가 작은 미래의 정치철학자 샌델이 나란히 앉아 찍은 사진은 미소를 자아낸다. 토론서클 회원으로 활동했던 샌델은 자신이 가볍게 레이건의 정치적 입장에 대해 논리적으로 반박할 수 있을 것이라고 확신하고, 그를 쉽게 공격할 수 있는 주제로 당시 사회적 쟁점이 되었던 베트남전쟁, UN, 사회보장제도, 18세부터 투표권을 부여하는 문제 등을 준비했다.

우선 샌델이 여러 질문을 제기하고, 시간이 반쯤 지나자 강당에 앉아 있던 학생들에게도 질문의 기회가 주어졌다. 자신의 입장을 사사건건 반대하는 샌델과 학생들의 주장에 대해 레이건은 시종일관 정중하고 부드러운 태도로 유머를 섞어가며 최선을 다해 대답했다. 물론 샌델과 학생들은 레이건에 설득되지 않았다. 그러나 어린 학생들의 질문을 진지하게 대하는 레이건의 태도에 학생들은 강한 매력을 느끼게 되었다. 샌델과 학생들의 쏟아지는 반론을 무시하지 않고 화도 전혀 내지 않고 진지하게 논리적으로 대답하는 레이건에 학생들은 감동을 받은 것이다. 샌델은 레이건의 이런 능력이 9년 뒤 그를 대통령이 되게 하였다고 회상하였다.

잘 알려져 있듯이 레이건은 하이에크를 받아들인 강한 시장 보수주의자로 평가받고 있다. 샌델은 레이건의 이런 정치적 성향에 대해서는 강한 부정을 표현하면서도 그의 탁월한 정치적 감각은 높이 평가한다. 레이건은 국민의 불안감을 포착하는 본능적 직관을 가지고 있었다는 것이다. 그는 미국 사람들이 개인적으로나 집단적으로 자신의 삶을 지배하는 세력을 통제할 수 있는 힘이 사라져가고 있다는 사실에 공포심을 가졌다는 사실을 간파하고 있었다.

나아가 샌델은 선거운동 기간 레이건의 정치철학에는 시민의식이 포함되어 있었다고 생각한다. 신자유주의자로 각인된 레이건을 '시민의식의 보수주의자'로 재평가한 것이다. 레이건은 당시 널리 퍼져 있는 시민들의 불만을 해소할 수 있는 정치적 의제를 찾아내려고 노력하였다는 것이다. 적어도 선거기간 동안 레이건은 국민들에게 호소력을 지닌 의제를 찾아내었다. 이 의제를 통해 레이건은 자신의 담론을 기존의 정치 담론과 차별화하는 데 성공했다.

샌델은 레이건이 후보 시절 이러한 상황에서 미국 국민 속에 잠재한 국민적 우려와 갈망을 간파하고 '우뚝 선 미국'을 외쳤지만, 실제로 대통령이 되어서는 미국 국민의 자기 지배감을 회복시키지도, 공동체의 붕괴를 되돌리지도 못했다고 평가한다. 그러나 샌델은 레이건이 자치와 공동체의 언어를 사용했다는 사실은 높이 평가한다. 레이건이 비록 보수적 시각에서이지만, 자치와 공동체의 언어를 구사했다고 보기 때문이다.

레이건뿐만 아니라 빌 클린턴도 '시민적인 것'을 중시했다. 1993년에 빌 클린턴은 마틴 루터 킹 목사가 암살 전날 설교했던 멤피스

교회에서 자유주의자들이 기피해온 주제인 도덕적 영역과 정신적 영역에 대해 연설했다.

그는 저소득층이 밀집되어 있는 도심지에 일자리를 만들 필요성을 강조하면서, 그 이유는 일자리가 소득증대뿐만 아니라 인격 형성에 도움을 주고, 일이 가족생활에 규율과 체계 그리고 자부심을 심어주기 때문에 중요하다고 했다. 샌델은 저소득층에 대한 일자리 제공을 단순히 소득증대라는 경제적 이유가 아니라 인격 형성, 가족윤리, 자부심에 영향을 준다는 관점에서 중요하게 생각한 클린턴의 연설을 공화주의에 대한 새로운 관심이라고 보고 있는 것이다.

자치를 통한 경제권력의 통제

샌델이 염두에 둔 공동체는 어떤 공동체일까? 그는 미국의 민주당은 공동체를 말할 때 주로 국가공동체를 생각한다고 말한다. 프랭클린 루즈벨트는 지역공동체의 오랜 원칙을 국가 수준으로 확장해야 한다고 생각했다. 그러나 샌델은 공동체에 대한 갈망은 더 이상 국가를 통해 충족되지 않는다고 생각한다. 이미 거대해진 국가는 개인에게 참여할 기회를 자주 제공하지 못한다. 그러나 시민들의 지역사회에 대한 애착은 그들에게 개인적인 목표를 넘어 공동의 생활에 참여할 수 있는 기회를 제공할 수 있다. 나아가 지역사회는 공적인 일에 관심을 갖는 습관을 키우게 함으로써 자치에 기여할 수 있다. 토크빌이 말했듯이 지역사회는 "그들의 손이 미치는 작은 영역 안에서 통치의 기술을 연마할 수 있게" 해준다.

샌델은 가까운 이웃 공동체에서 일어나는 시민들의 활동이 더 넓은 범위로 확장되어야 한다고 주장한다. 이웃과 마을회관·교회와 회당·노동조합과 사회운동에서 깨어난 시민의 역량이 국가 수준으로 확장될 수 있다는 것이다. 샌델은 1960년대 미국 남부의 흑인 침례교회에서 형성된 시민교육과 사회적 연대성이 이후 전국적인 민권운동으로 확산된 사례를 제시한다. 몽고메리의 버스 탑승거부 운동은 결국 남부 흑백분리 정책에 대한 도전으로 발전하였고, 이는 평등한 시민권과 투표권에 대한 전국적인 운동으로 확산되었다. 이것은 지역사회에 대한 애착과 공동체적 연대감이 솟아날 수 있는 시민 참여의 모범적 사례였다는 것이다.

샌델은 미국 국민이 민주주의에 불만을 갖게 된 원인을 가족과 이웃에서부터 도시와 마을, 종교와 민족 또는 문화적 전통으로 구분되는 다양한 공동체에 이르기까지, 개인과 국가 사이에 놓인 중간 단계의 공동체들의 쇠퇴에서 찾는다. 샌델은 자치를 위해 미국의 공공의식은 다양한 공동체를 통하여 배양되어 왔는데, 공동체가 쇠퇴하면서 공공의식도 사라졌다고 본다. 인간은 개인으로 살아가지만 그것으로 만족스러운 삶을 살 수는 없다. 동질감을 느끼는 공동체 생활에 참여함으로써 자신의 운명을 통제하고 싶은 열망을 가지고 있다. 곧 공동체가 해체되면서 시대적인 불안과 우려의 시대가 왔다는 것이다.

샌델은 권력과 자격에만 초점을 맞춘 자유주의 공공철학은 중간 단계의 공동체에 대한 회의를 유발하였다고 진단한다. 뉴딜에서 민권운동, '위대한 사회'에 이르기까지 자유주의 프로젝트는 지역공동체가 보호하는 데 실패한 개인의 권리를 연방정부의 권력을 이용하여 보장하기 위한 노력에서 나온 것이다. 샌델은 미국의 민주당이 자치와 공동체에 대한 국민들의 갈망을 감지하지 못했기 때문에 로널드 레이건과 종교적 우파가 그러한 열망을 포착하고 보수주의적 목적과 부합하도록 변형시키는 것을 방치했다는 이유로 민주당을 비판한다.

원래 연방주의의 취지는 근본적인 차원에서 정치의 분권화를 통해 자치를 장려하는 것이었다. 그러나 미국 내에 시장과 대기업이 성장함으로써 초기 공화국의 정치 형태는 자치와 맞지 않게 되었다. 세기말에 등장한 정치권력의 집중은 경제권력의 집중에 대항하기 위한 것이었으며, 민주적 통치권을 유지하기 위한 것이었다.

샌델의 생각에는, 레이건의 제안대로 경제는 분권화되지 않고 정부를 분권화한 것은 반쪽짜리 개혁에 지나지 않았다. 자치라는 관점에서 볼 때 반쪽짜리 연방주의는 없는 것보다 더 나빴다. 지역공동체를 멀리 떨어져 있는 기업의 영향권 아래 두는 것은 시민들에게 힘을 부여하는 것이 아니라 오히려 시민들이 자신의 운명을 결정할 능력을 훼손하는 것이다.

비슷한 이유로 보수주의 정책들도 공동체에 대한 열망을 충족시킬 수 없다. 전통적 가치를 가장 심각하게 해치는 것은 자유주의적 성향의 판사가 아니라 보수진영이 간과하고 있는 현대경제의 특성이다. 현대경제는 자유로운 이동성, 이웃과 도시, 마을에 미치는 파괴적인 영향력, 공동체에 대해 아무런 책임을 지지 않는 거대 기업의 집중, 노동자들에게 계속 일할 것인지 아니면 아이들을 돌볼 것인지를 선택하라고 강조하는 특성을 가지고 있다.

샌델은 현대경제의 이런 특성에 대해 비판적이다. 샌델은 경제권력에 국가권력과 시민의 자치가 미치지 못하기 때문에 나온 결과라고 믿는다. 샌델은 시민적 공화주의를 구현함으로써 비대해진 경제권력을 국가가 통제해야 한다고 주장한다. 자신의 시민적 공화주의는 경제권력을 통제하고 시민들이 자치를 행할 수 있는 수단을 풍부하게 가지고 있다는 것이다.

위험한 공화주의 공공철학

샌델이 자유주의 공공철학에 대한 대안으로 제시한 공화주의 공공철학은 넘을 수 없는 심각한 두 가지 난점을 가지고 있다. 그 가운데 하나는 현대사회와 같이 복잡한 사회에서 공화주의의 이상을 복원하려는 시도는 불가능하다는 것이고, 현대사회에서는 공화주의 공공철학이 필요하지 않다는 것이다.

첫 번째로 지적할 수 있는 공화주의의 문제점은, 과거 공화주의 전통에서 생각한 자치는 현대와 같이 세계화되고 복잡한 사회에서 실행될 수 없다는 것이다. 공화주의를 실행할 수 있는 사회는 아리스토텔레스가 살았던 아테네 도시국가나 제퍼슨이 살았던 농업국가처럼 자급자족으로 운영되었던 작은 공동체 사회이다. 이러한 공동체에서는 시민들은 교육과 여가를 누릴 수 있을 정도로 경제적으로나 시간적으로 자유롭고, 공동의 관심사에 대해 숙고할 수 있었다.

그러나 현대사회는 그 성격이 전면적으로 변했다. 사회는 다양한 사람들로 구성되어 있으며, 그 변화의 속도가 빠르다. 현대사회의 특성은 세계화와 맞물린 유동성이다. 현대사회는 전통사회와 그 성격이 완전히 다르다. 아담 스미스나 하이에크가 말한 '거대 사회'가 더 진화한 것이다. 이런 사회에서 자급자족의 경제는 가능하지 않다. 상품과 재화, 정보와 이미지가 흘러넘친다. 사람들은 가까운 이웃이나 이웃 국가의 영향만 받는 것이 아니라 글로벌 경제의 영향을 받는다. 이와 같은 현대사회에서 자유에 대한 공통된 시민적 노선을 확립하기는 어렵다.

제퍼슨이나 샌델의 공화주의는 과거에 대한 향수나 소망에서 나왔다. 제퍼슨의 자작농(自作農) 사회에 대한 찬사는 당시 농업사회에서 산업사회로 빠르게 변하는 미국사회에 널리 퍼진 변화에 대한 두려움을 반영한 것이다. 이미 돌이킬 수 없는 변화를 그대로 수용하지 않고, 실행가능하지도 않은 대안으로 공화주의를 제시한 것이다. 많은 사람이 원하기는 했지만 되돌릴 수 없이 변한 세상을 공화주의에 맞게 바꿀 수는 없었다. 샌델의 공화주의는 자유주의의 문제점을 지적하는 데는 효과적일 수 있어도 그것의 대안은 될 수 없다.

두 번째로 지적할 수 있는 공화주의의 문제점은 실제로 공화주의적 이상을 부활시키는 것이 가능하다고 할지라도 그렇게 하는 것이 바람직하지 않은 결과를 초래한다는 점이다. 시민들이 자발적으로 시민적 덕성을 갖는 것은 매우 어렵기 때문에 공화주의 정치는 항상 강압적이 될 수 있다. 이러한 위험은 "민주공화국에서는 형성적 계획이 필수적"이라고 주장한 장 자크 루소의 글에도 잘 나타나 있다. 루소는 공화국의 창시자 또는 위대한 입법자의 과제는 '인간의 본성을 바꾸는 것'이라고 보았다. 공화국에 필요한 덕성을 위해서는 개개인이 가지고 있는 성품을 개조해야 한다. 성품 개조는 개인의 자발성이 아니라 국가권력에 의존할 수밖에 없다.

입법자는 모든 인간이 하나의 전체로서 공동체의 공익을 추구하도록 하기 위해서는 개인이 가지고 있는 독립성과 자발성을 부정해야 한다. 루소의 표현을 빌리면, 개개인이 가진 의지가 줄어들고 사라져야 사람들은 일반의지를 수용할 수 있다. 루소는 "시민이 개인으로서는 사소한 존재가 되고, 타인과 협력하지 않고서는 아무 것도 할 수 없을 때 …… 법률은 가장 완벽한 상태에 접근한다"고 했다.

공화주의자들도 공화주의를 실현하기 위해서는 개인의 영혼을 통치해야 한다는 '영혼통치술'의 필요성을 인정한다. 미국의 독립선언서에 서명한 벤저민 러쉬(Benjamin Rush)는 '인간을 공화주의를 실현하게 하는 기계로 변화시키려고' 하였으며, 모든 시민들에게 '개인은 자신에게 속한 것이 아니라 공공재라는 사실'을 가르치려고 하였다.

이러한 비판에 대해 샌델은 국가권력에 의한 강압을 통하지 않고서도 공화주의의 영혼통치술은 실행될 수 있다고 생각한다. 이렇게 엄격하지 않은 부드러운 형태의 영혼통치술이 시민교육을 통해 가능하다는 것이다. 그는 19세기 시민의식의 정치경제학은 시민들이 단순히 공통성을 형성하는 것을 넘어서서 공공선을 잘 숙고할 수 있는 판단력과 독립성을 배양하려고 했다고 주장한다. 샌델은 이러한 판단력과 독립성은 강압을 통해서가 아니라, 알렉시스 드 토크빌이 '사회가 스스로 조용하고 느린 속도로 취하는 행동'이라고 부른 설득과 습관화가 결합하여 이루어낸 것으로 이해한다.

샌델은 토크빌이 본 미국사회의 분산과 차별화라는 미국의 공공생활이 형성한 시민성은 루소의 공화주의적 사고와 구별되는 것으로 이해한다. 샌델의 해석에 따르면, 완벽한 조화를 추구하였던 루소는 개성이 전혀 없는 인간만이 일반의지에 복종할 수 있다고 생각했다. 루소는 개인이 모인 공동체를 하나의 유기체로 인식했기 때문에 다양한 의견을 가진 사람들이 참여하는 정치적 논쟁을 허용할 수 없었다는 것이다. 루소는 어떤 의견을 "처음 제안하는 사람은 이미 모든 사람이 느끼고 있는 것을 말하기만 하면 된다. 구성원의 지지를 이끌어내기 위해 달변이나 수사법을 통해 다른 사람을 설득할 필요가 없다."고 보았다.

샌델은 루소가 정치를 강압적인 방향으로 몰고 간 이유를 형성적 의욕 자체가 아니라, 공공선은 단일하며 논란의 여지가 없다는 잘못된 가정을 하였기 때문이라고 설명한다. 루소는 토론이나 설득과 합의는 공화주의 정치에서 필요하다고 생각하지 않았다는 것이다. 그러나 샌델은 '시민의식의 정치경제학'이나 '자유에 대한 시민적 개념'은 의견의 불일치를 필요한 것으로 여긴다고 설명한다. 자유에 대한 시민적 개념은 정치적 논쟁을 초월하는 방법이 아니라 그 논쟁의 중요성을 인정하는 것이다.

샌델은 루소의 단일한 관점과 달리 토크빌이 기술한 공화주의 정치는 합의나 만장일치가 아니라 논쟁이 꽃을 피우는 것이라고 생각한다. 토크빌이 말한 공화주의는 개인의 차별성을 존중한다. 이러한 공화주의는 개인 사이의 거리를 없애서 하나로 통합하려고 하지 않고 사람들을 다양한 형태로 모아주고, 그들을 구분하면서도 동시에 연결시킬 수 있는 공공제도를 찾아내어 개인 사이의 간격을 메우려고 한다.

샌델이 말하는 공공제도에는 주거구역과 학교, 종교, 지역 그리고 도덕적으로 살 수 있도록 하는 장치들이 포함된다. 이런 장치는 민주

공화국이 필요로 하는 '품성'과 '마음의 습관'을 형성한다. 시민교육 기관들은 시민들에게 공적인 일에 참여하는 것을 반복적으로 가르쳐 습관이 되도록 한다. 따라서 그 기관들 자체가 다양성을 가지고 있기 때문에 공공생활이 획일적인 전체 안에 녹아들지 않는다는 것이다.

샌델은 공화주의가 다원성을 인정하기 때문에 필연적으로 강압성을 갖는 것은 아니라고 주장하지만, 이러한 주장은 설득력이 약하다. 다원성이 개인적인 차원이나 샌델이 말하는 공동체 차원에서 인정되려면 각각의 고유성과 독립성을 인정해야 한다. 개인과 공동체의 다양성을 통제할 수 있는 한 차원 높은 조직을 상정하지 않으면, 다양성을 가진 개인이나 공동체가 그 개인이나 공동체를 넘어 공공의 이익을 도출할 수 없다. 개인과 공동체를 넘어 존재하는 어떤 가치를 가정하지 않으면 개인과 공동체들이 조화를 이루면서 공공선에 기여할 수 없다.

다양성을 규율하는 조직으로 강력한 국가가 없다면 공화주의의 이념은 실현되기 어렵다. 다양성을 존중하는 정치는 그 정치가 초래할 수 있는 위험성도 받아들여야 한다. 공화주의에서 말하는 시민들의 품성은 시민들이 속한 공동체에 맞추어 형성되기 때문에, 나쁜 공동체는 나쁜 품성을 형성할 수도 있다. 민주주의의 분산된 권력과 다양한 형태의 시민 형성 제도가 그러한 위험성을 감소시킬 수는 있으나 이것은 자유주의 공공철학에서 나온 것이다. 자유주의 없는 공화주의 공공철학으로 이러한 안전장치는 확보될 수 없다.

제8부
비판적으로 샌델 읽기

샌델은 왜 '공동체주의'라는 말을 싫어하는가

일반적으로 공동체주의자들은 좋음이 옳음에 우선한다고 전제한다. 대표적인 철학자가 아리스토텔레스이다. 이와 마찬가지로 샌델은 공동체주의자로 불리지만 자신은 그렇게 불리는 것을 달가워하지 않는다. 공동체주의는 낡은 이념이고 많은 비판의 대상이 되었으며, 인류에 해악을 끼친 이론으로 인식될 뿐만 아니라, 특정 공동체가 규정하는 것은 무엇이나 정의가 될 수 있다고 믿는 상대주의로 보일 수 있기 때문이다. 이에 반해 자유주의는 계층 또는 계급, 신분이나 지위, 관습, 전통, 서열, 세습적인 지위에 따라 사람들의 운명이 결정되는 정치 논리에 대항하는 수단으로 발달하였기 때문에 공동체주의를 타파하고 나온 이념으로 인식된다.

샌델은 왜 공동체주의자라는 입장에 동의하지 않는가에 대해 설명하고 있다. 공동체주의는 자신이 속한 공동체에 구속되는 것을 의미하는 경우와, 특정 공동체의 전통을 존중하지만 그 공동체를 넘어 인간의 보편적인 선을 추구할 수 있다고 믿는 공동체주의가 있다. 전자는 정의의 원칙들을 특정 전통이나 공동체에 귀속시키게 된다. 이렇게 되면 정의론은 비판적 기능을 상실하고 관습의 산물에 지나지 않게 된다. 후자의 공동체주의자들은 공동체의 가치가 인권과 같은 보편적 가치와 서로 충돌하지 않는다고 주장한다. 현대 공동체주의자들은 자신들은 후자에 속한다고 생각하며 샌델도 여기에 포함된다.

샌델은 스스로 인권과 같은 보편적 권리와 자유, 정의의 중요성을 인정하기 때문에 자유주의자라고 말하기도 한다. 이런 이유 때문에 샌델은 '공동체주의적 자유주의자', '자유주의적 공동체주의자'라고 불리기도 한다. 그러나 샌델 자신은 자신이 공동체주의자가 아니라고 말한다. 왜 그럴까.

샌델에게 우호적인 학자들은 공동체주의자들이 좋음이 옳음에 앞선다고 할 때, 이 좋음은 특정 공동체에 귀속된 선(善)이 아니라 공동체와의 연관을 벗어나 모두에게 좋은 것으로 이해해야 한다고 주장한다. 샌델은 자신이 연대와 소속의 의무를 인정하는 것이, 특정 공동체나 전통이 정의라고 규정한 것은 모두 정의가 될 수 있다는 입장으로 받아들여지는 것에 대해서는 경계한다.

샌델은 자신의 공동체주의에 대한 이러한 우려를 불식시키기 위하여 선과 정의가 연결되는 두 가지 방식을 구분한다. 하나는 상대주의적인 방식으로 좋음과 정의를 특정한 시기, 특정한 공동체를 지배하는 가치로 보는 경우이다. 상대주의적 관점은 선과 정의를 외부의 기준으로 판단하는 것이 아니라 특수한 전통의 산물, 공동체 내부의 공통 이해를 충실히 따르는 것으로 본다.

샌델은 자신은 상대주의적 관점을 취하지 않는다고 주장한다. 정의를 완전히 관습적인 환경의 산물로만 보는 것은 정의의 중요한 특징인 비판적 성격을 빼앗아 가기 때문이다. 그러면서 그는 정의와 선을 비상대주의적 관점과 연결시킨다. 정의의 원칙들이 정당성을 얻기 위해서는 그것이 특정 시기, 특정 장소에 지배적인 가치여서는 안 된다고 본다. 정당성을 얻으려면 정의가 추구하는 목적의 도덕적 가치, 목적에 내재하는 본질적 선에 의거해야 한다.

그러면서 그는 정의를 선과 결부시키는 비상대적 관점은 공동체주의는 아니라고 한다. 샌델은 공동체주의를 특정한 공동체가 마음대로 정의를 규정하는 것을 인정하는 입장으로 이해하기 때문이다. 이런 의미에서 자신은 공동체주의자가 아니라는 것이다. 그러면서 샌델은 자신이 말하는 공공선은 특정 공동체에 '공유된 것'이 아니라 '공적인 것'으로 이해될 필요가 있다는 것이다. 샌델의 선(good)은 공통선(common good)이 아니라 공공선(public good)이라는 것이다.

그러나 샌델의 이러한 구분을 그대로 수용하기는 어렵다. 왜냐하면 실제로는 샌델은 그가 공동체주의라고 이름 붙인 '공동체주의'의 특성을 많이 가지고 있기 때문이다. 샌델이 중시하는 연대성은 그의 생각과 달리 특정 공동체를 넘어선 보편적 가치를 표현하지 못한다. 연대성은 동일한 성격을 지닌 단체나 공동체 구성원들을 묶어주는 공동의식이기 때문이다. 노동자들은 노동자끼리 연대하고, 소비자는 소비자끼리 연대한다. '노동자 연대', '소비자 연대', '참여 연대', '자유주의 연대'와 같은 말에 잘 나타나 있듯이, 이들이 연대하여 추구하고 목적으로 삼는 가치는 보편적인 것이 아니라 특수한 것이다.

오늘날 정치철학에서는 현대사회가 당면한 여러 문제를 놓고 '국가'와 '시장'이라는 프레임이 부딪친다. 정치철학의 지형이 '시장'과 '국가'로 굳어진 것이다. 개인이 모여 공동체를 이루고 산 이후에는 어떤 형태라도 통치기구는 존재했다. 그러나 시장의 역사도 국가의 기원과 비교하여 손색이 없다. 사람들이 자기가 필요한 것을 모두 스스로 생산할 수 없는 상황에서 개인은 자기에게 필요한 것을 구하기 위해 자기가 쓰고 남은 것을 자신이 필요로 하는 다른 물건과 교환했기 때문이다. 비록 교환의 범위에는 차이가 있었겠지만 인류 역사의 시작과 함께 여러 형태의 교환이 이루어졌다고 할 수 있다. 이런 맥락에서 본다면 '국가'와 '시장'은 인류 역사의 시작과 더불어 존재했다고 할 수 있다.

그렇지만 오늘날의 '국가'와 '시장'의 구도는 인류의 역사와 함께 시작된 초기의 '국가'와 '시장'이 아니다. 현대사회에서 통용되고 있는 '국가'와 '시장'은 근대 이후의 산물이다. '국가'와 '시장'의 구도에서 '국가'는 근대 국민국가 이후의 '국가'이고, 시장은 국제교역이 활발해진 상업혁명과 뒤이은 산업혁명 이후에 조성된 시장이다.

근대 이후 국가의 역할과 기능이 분화되었고, 시장도 여러 측면에서 해석되었지만 '국가'와 '시장'의 구도가 형성된 것은 경제에 개입하는 '국가'와 국가의 개입 없이 운용되는 '시장'에 초점이 맞추어진 것이다. '국가'와 '시장'의 구도는 사회의 여러 현상들 가운데 경제적인 현상에 초점이 맞추어진 것이다.

경제적인 현상에 초점을 맞추다보니 '시장 실패'라는 개념이 나오고, 이것을 보완하거나 교정하기 위해 국가의 개입이 필요하다는 주장이 대두되었다. '시장 실패'를 교정하기 위한 국가 개입은 자연스럽게 '국가 실패'를 낳게 되어 오늘날에는 '시장 실패'와 '국가 실패'의 경중에 따라 시장이 강조되기도 하고 국가가 강조되기도 한다. '시장 실패'에서 나온 현상이라고 생각되는 것이 과도하게 나타나면 국가의 개입이 강화되고, '국가 실패'가 초래한 현상이 많아지고 부각되면 시장의 자유가 강조된다.

그러나 엄밀한 의미에서 '시장 실패'가 존재하는지에 대해서는 심도 있는 논의가 필요하다. 왜냐하면 '실패'라는 말을 어느 경우에 사용하는 것이 적합한가라는 용어 사용의 적절성 문제가 발생하기 때문이다.

일반적으로 실패라는 말은 어떤 행동과 결과 사이에서 사용된다. 내가 의도한 목적을 달성하지 못하면 우리는 일반적으로 실패라고 한다. 자신이 원하는 상급학교에 진학하려고 한 학생이 입학시험을 치고 합격통지서를 받지 못했으면 그 학생은 입학시험에 실패한 것이다. 만일 그 학생이 자신이 원하는 학교에 응시를 하지 않았다면 그 학생이 그 학교의 입학허가서를 받지 못했다고 할지라도 '실패'라는 말은 사용하지 않는다.

따라서 '시장 실패'로 규정되는 여러 사태는 만일 시장을 통해 그와 관련된 목적을 추구하지 않았다면 실패라고 할 수 없다. '환경오염'이 '시장 실패'의 전형적인 요인으로 지적되고 있지만 '환경오염'은 '시장 실패'가 아니다. 왜냐하면, 환경오염에 반대되는 '환경 보존'이나 '환경 보호'가 시장의 목적으로 설정된 것이 아니기 때문이다.

결과적으로 환경을 오염시키는 산업이 목적으로 삼은 것은 '환경 보전'이나 '환경 보호'가 아니라 상품을 생산하는 것이다. 좋은 가죽을 생산하려는 어느 회사가 가죽을 가공하는 과정에서 환경오염을 시켰더라도 그 회사가 실패하여 그렇게 된 것은 아니다. 환경오염은 그 회사가 목적을 추구하는 과정에서 산출된 부작용일 뿐이다.

환경오염은 시장 활동이 초래한, 예상 가능했지만 시장이 의도하지는 않았던 결과이기 때문에 시장의 실패가 아니다. 의도하지 않은 부수적 결과를 '시장 실패'라고 부르는 것은 적절하지 않다. 만일 그 회사가 좋은 가죽을 생산하려고 했는데 좋은 가죽을 생산하지 못했으면 실패라고 할 수 있다. 그러나 환경오염을 유발했다고 해서 실패라고 할 수는 없다. 따라서 환경오염에 '시장 실패'라는 이름을 붙이는 것은 적절하지 않다.

뿐만 아니라 오늘날 경제현상에만 국한하여 '국가'와 '시장'의 구도를 설정하고, '국가'와 '시장'가운데 하나를 선택해야 한다는 구도는 자유주의의 근본과는 거리가 있다. 자유주의의 본령은 '국가'와 '시장'이 아니라, '강제'와 '자유'이다. 근대 자유주의에서 국가는 개인의 자유를 억압하는 가장 강력한 기구 가운데 하나로 설정되어 개인의 자유를 보장하기 위해서는 국가 권력이 최소화되어야 한다는 이론이 정립되었다. 오늘날 복잡한 사회현상은 경제문제에서만 유래되는 것이 아니기 때문에 '국가'와 '시장' 구도가 아니라 '강제'와 '자유'의 프레임으로 구도화 될 때 자유주의의 입지와 영토가 확장될 수 있다.

우리가 흔히 경제적 자유나 기업의 자유라고 부르는 것은 개인의 자유의 한 양상에 지나지 않는다. '개인의 자유'가 아니라 '경제적 자유'나 '기업의 자유'에만 집중하면 자유주의의 무한한 잠재력이나 가능성이 위축된다. 따라서 '강제'와 '자유'라는 구도 아래에서 샌델의

『정의란 무엇인가』를 분석하고 비판하는 것이 효과적이다. 곧 자유주의의 근간을 '국가'와 '시장'의 구도가 아니라 '강제'와 '자유'라는 구도에서 분석해야 한다. 이런 분석을 한 철학자로는 울프가 있다.

울프는 개인의 양심과 국가의 강제라는 구도를 설정하고 개인의 자유를 옹호하였다. 개인의 양심은 본성상 자기가 옳다고 생각하는 것을 행하려는 경향이 있다. 반면에 국가의 강제는 개인의 양심적 판단이나 원하는 것에 상관없이 자신이 좋지 않다고 느끼는 것을 금지하고, 금지한 행동을 하는 개인을 구속하고 처벌하는 것을 그 본분으로 한다. 그러므로 국가의 강제가 그 범위를 넓히면 개인의 양심과 갈등을 일으킬 수밖에 없다. 이런 맥락에서 보면, 국가의 강제는 개인의 삶을 위해 필수적인 영역, 곧 국방과 치안에만 제한하는 것이 자유를 보장하는 길이다. 그러나 샌델은 공동체주의의 가치를 실현하기 위해 개인의 양심이 아니라 국가의 강제를 택했다.

공동체주의의 문제들

샌델은 공동체에 대하여 애매모호한 입장을 견지하고 있다. 샌델은 실질적인 정의도 없이 가족, 지역 공동체, 국가, 국민, 민족을 나열한다. 샌델은 여러 공동체들을 아무런 갈등 없이 상위 공동체, 하위 공동체들로 이해 충돌 없이 공존할 수 있는 것으로 가정하고 있다. 이런 공동체의 공존은 소규모적이고 정태적이고 고립적인, 얼굴을 서로 알고 지내는 공동체에서는 가능할 수 있을 것이다. 그러나 "그들은 공동체의 역동적 구성과 다양한 공동체들 사이의 관계 설정을 정립하지 않음으로써 유토피아적 노스탤지어와 전체주의적 함축성을 내포할 수밖에 없다."고 말한다. 박정순은 웅거(Unger)를 인용하여 '공동체주의 정치학의 딜레마'를 설명하고 있다. 웅거는 공동체주의 정치학의 딜레마를 5가지로 정리했다.

첫째는 '수직적 통합 대 수평적 통합'의 딜레마다. 이 딜레마는 다양한 형태의 공동체들이 존재할 때 공동체주의는 위계질서에서 높은 위치를 차지한 공동체를 우선해야 하는가, 아니면 모든 공동체들이 동등한 지위를 가진 것으로 가정하고 다원주의적인 관점에서 평등하게 취급해야 하는가와 관련된 문제다.

둘째 '조정자로서의 국가 대 공동체로서의 국가'의 딜레마다. 공동체주의는 국가의 역할을 모든 하위 공동체들을 조정하고 통괄하는 것으로 보는가, 아니면 국가도 하나의 공동체 또는 이익 공동체로 보는가와 관련된 문제다.

셋째 '기존 공동체 대 신생 공동체'의 딜레마다. 기존 공동체가 신생 공동체와 여러 가지 이유로 갈등한다면 공동체주의는 어느 공동체의 편을 들어야 하는가의 문제다.

넷째, '집단 응집력 대 비판적 교육'의 딜레마다. 공동체주의는 집단 응집력을 우선시하지만, 그것은 공동체를 비판적으로 보는 능력을 낮춘다.

다섯째, 첫째와 둘째 딜레마가 합쳐지면 '집단 내 관계와 집단 사이의 관계'의 딜레마가 발생한다. 공동체주의는 기본적으로 집단 내 관계를 중시하고 있지만, 이러한 입장은 다른 집단에 대한 배타성을 키울 수 있다.

여섯째, 셋째와 넷째 딜레마가 합쳐지면 '사회의 구조 대 정치의 과정'의 딜레마가 발생한다. 공동체주의는 공동체 사회가 유기체적으로 작동하여 갈등이 자동적으로 해소될 수 있다고 가정하지만 실제로는 그렇지 않다는 것이다. 다양한 이익집단 또는 이익공동체들이 타협하고, 합의에 의거하여 갈등이 조금씩 해소되는 현실을 공동체주의자들은 무시하고 있다.

공동체주의자들은 현존하는 다양한 공동체들의 관계를 유기적 협력의 관계로만 파악하고 독립적 갈등의 관계로 파악하지 않음으로써 지나친 낙관주의에 빠지게 된 것이다. 이러한 낙관과 거리가 먼 현실 공동체들 사이에서 질서를 잡는 유일한 방법은 절대 권력이 갈등을 강압적으로 조정하는 것이다. 이렇게 되면 많은 자유주의자들이 우려한 전체주의로 나아가게 된다.

민주주의와 공화주의 사이에서 방황한 샌델

샌델은 폭리가격에 대한 사람들의 반응이 이중적인 이유에서 정치철학의 근본 문제 가운데 하나를 이끌어낸다. 정의로운 사회라면 국가가 시민들에게 미덕을 장려해야 한다고 믿는 사람들과 국가는 중립을 지키면서 시민들 스스로 최선의 삶을 선택하도록 해야 한다고 믿는 사람들 사이에는 국가의 온당한 역할에 대한 견해 차이가 존재한다.

샌델은 정치철학의 이러한 견해 차이를 고대의 정치사상과 근대의 정치사상의 차이로 설명한다. 아리스토텔레스에 따르면, 사람들에게 그들이 마땅히 받을 자격이 있는 것을 주는 것이 정의이다. 따라서 누가 무엇을 받을 자격이 있는지를 판단하려면 어떤 미덕에 명예와 포상을 주어야 할 것인지를 결정해야 한다. 이러한 결정을 위해서는 어떤 삶이 좋은 삶인지를 숙고해야 한다. 무엇이 정의로운 법인지를 판단하기 위해서는 좋은 삶이 어떤 삶인지를 먼저 설명해야 한다. 아리스토텔레스는 정의나 법은 좋은 삶이 무엇인가에서 도출될 수 있다고 주장했다.

샌델의 설명에 따르면, 아리스토텔레스와 반대로 칸트로부터 롤스까지 근대의 정치철학자들은 우리의 권리를 규정하는 정의의 원칙은 보편적이어야 하고, 무엇이 미덕이며 좋은 삶인가에 대해서는 각 개인의 입장에 따라 다를 수 있다고 주장했다. 정의로운 사회의 조건 중의 하나는 개인이 자기가 생각하는 좋은 삶을 스스로 선택할 자유를 갖는 것이다.

샌델은 고대와 근대의 정의론의 차이점을 고대의 정의론은 미덕에서 출발하고, 근대의 정의론은 자유에서 출발한다는 것에서 찾는다. 샌델은 이런 식의 이분법적인 대조가 오해를 불러일으킬 우려가 있다고 말하면서도 이것을 끝까지 포기하지 않는다.

이러한 이분법적 대조가 오해를 불러일으키는 이유는 오늘날 정치를 움직이는 정의에 관한 주장들이 복잡하기 때문이다. 대부분의 사람들이 내세우는 정의에 대한 주장은 겉으로는 경제적 풍요와 개인의 자유를 존중한다. 하지만 이러한 주장의 이면에는 명예와 포상을 누려야 할 미덕이 무엇이며 좋은 사회와 좋은 삶이 무엇인가를 판단하려는 또 다른 마음이 자리잡고 있다. 자유와 풍요를 강하게 지지하면서도 그것으로 만족을 느끼지 못하면서 정의를 한층 더 높은 차원에서 판단하려는 소망을 품고 있다는 것이다. 정의는 자유뿐만 아니라 미덕을 포함해야 한다는 확신이 있는 것이다. 이렇게 말하면서 샌델은 정의에 대한 생각은 우리가 가장 좋은 삶의 방식이 무엇인가에 대해 생각하지 않을 수 없게 한다고 단정한다.

샌델의 이러한 생각은 어디에서 유래하는 것일까? 샌델은 고대와 근대 정치사상의 핵심을 잘 파악하고 있다. 고대와 근대의 정치사상이 같을 수는 없다. 고대사회와 근대사회는 그 성격이 완전히 다른 사회이다. 고대사회가 소규모 공동체 사회라면, 근대사회는 거대 사회이다. 고대가 닫힌 사회라면 근대는 열린 사회이다. 과학기술혁명과 자본주의의 발달로 근대사회의 성격은 고대사회와 완전히 다르게 변했다. 고대사회는 원시 본능이 지배하는 사회이고 근대사회는 자유의 도덕이 지배하는 사회이다.

샌델은 아리스토텔레스와 칸트 · 롤스를 비교함으로써 고대사회와 근대사회의 도덕의 차이점을 잘 부각시켰다. 고대사회는 그 사회의 특성상 미덕과 공동체 구성원 사이의 연대를 중시했다. 아리스토텔레스가 말한 "인간은 사회적 동물이다."라는 말은 바로 고대사회에서 인간은 사회를 떠나서 살 수 없다는 사실을 의미한다. 고대사회에서는 근대적 의미의 개인이 존재할 수 없다는 것이다. 그러나 교역과 산업의 발달로 거대 사회가 된 근대사회에서 아리스토텔레스의 정치사상은 적합성을 잃었다. 근대 거대 사회를 지배하는 도덕은 미덕이나 연대가 아니라 자유이다.

그럼에도 불구하고 많은 사람들은 아직도 고대사회에 통용되었던 도덕, 곧 원시 본능으로부터 자유롭지 못하기 때문에 근대의 도덕인 자유에 대해 마음 깊은 곳에서 막연한 불안감과 결핍감을 느끼는 것이다. 샌델이 말하는 폭리가격을 취한 사람들을 응징해야 한다는 생각은 이런 원시 본능에서 유래한 것이다. 샌델은 사람들의 마음속 깊은 곳에 자리잡은 이러한 원시 본능에 호소하여 자신의 공동체주의를 호소하고 있는 것이다. 결국 샌델은 고대사회를 지배했던 도덕을 현대사회에 불러오려고 하는 것이다.

그러나 샌델은 현대사회의 특성을 잘 알고 있기 때문에 근대 자유의 도덕을 완전히 부정하지는 못한다. 그가 자신이 공동체주의자가 아니라고 말하는 이유와 그가 공동체의 도덕에 입각하여 시장을 완전히 부정하지 못하고 '시장의 한계'를 말하는 이유가 바로 여기에 있다. 그러나 샌델은 『정의란 무엇인가』에서 자유의 도덕을 비판하면서 공동체의 도덕인 원시 도덕으로 회귀하는 모습을 보여준다. 그러면서 샌델은 『정의란 무엇인가』에서 계속 방황하고 있다. 그래서 사람들은 그의 공동체주의에 공동체 자유주의나 자유주의적 공동체주의라는 이름을 부여했다.

여기에서 우리는 샌델의 정의론의 핵심이 무엇인가를 물어야 한다. 그는 자신의 연대의 도덕, 곧 공동체주의의 도덕을 자유주의 도덕의 보완재(補完財)로 생각하는가 아니면 대체재(代替財)로 생각하는가? 아니면 자신의 공동체주의 도덕에 대해 자유주의의 도덕을 보완재로 생각하는가? 이 물음에 대해 샌델이 분명한 입장을 취하고 있지 않기 때문에 그의 정의론은 현실 적용 가능성이 떨어질 뿐만 아니라 진화 가능성이 약하다.

좋음이 공공의 정치영역에서 구현되면 시민의 덕성을 강조하게 되어 공동체주의는 공화주의(共和主義)로 변한다. 공동체주의의 정체적(政體的) 표현이 공화주의이다. 샌델은 공화주의를 '덕성을 갖춘 시민들의 자치'로 이해한다. 시민의 덕성은 사적인 미덕이 아니라 공적인 미덕이다. 시민의 덕성은 정치에 참여하여 공공선을 이룰 수 있는 능력이다. 이 대목에서 샌델은 아리스토텔레스를 철저히 따른다. 인간은 정치에 참여함으로써 인간이 된다. 정치에 참여하지 않는 인간은 인간이 될 수 있는 기회를 갖지 못한다.

그러나 이런 정치철학은 폴리스와 같은 도시국가에 적합한 것이지 오늘날과 같은 거대 사회에서는 실행될 수 없다. 이는 직접민주주의가 아니라 대의민주주의를 선택할 수밖에 없는 현실을 무시한 처사이다.

자유주의 인간관에 대한 잘못된 비판

샌델은 자유주의의 인간관을 비판한다. 자유주의는 개인주의적이고 이기적인 경제적 인간을 전제하고 있다는 것이다. 샌델은 롤스가 정의의 원칙을 만들기 위하여 상정한 원초적 상태에서의 개인이 자유주의 인간관의 전형적인 모습이라는 것이다. 원초적 상태의 개인은 무지의 베일에 가린 원자적 개인이다. 그는 이기적이고 원자적인 합리적 인간이다.

샌델은 자유주의가 설정한 개인은 공동체의 중요성을 인정하지 않는다고 생각한다. 공동체의 전통이나 관행을 존중하지 않을 뿐만 아니라 다른 사람들과 연대감도 갖지 않는다고 주장한다. 그러나 과연 자유주의가 설정하는 개인은 그러할까. 그렇지 않다. 자유주의자가 중시하는 개인주의가 공동체를 부정하는 것도, 개인이 공동체와 전통의 영향을 받는다는 사실을 부정하는 것도 아니다. 유전적 요소나 문화적 요인이 개인의 정체성이나 가치관 형성에 결정적인 영향을 미친다는 사실을 인정한다.

특히 스코틀랜드 계몽주의자들은 인간을 역사와 사회, 전통에서 독립된 존재로 파악하지 않는다. 스코틀랜드 계몽주의의 전통을 이어받은 자유주의자인 에드먼드 버크, 아담 스미스, 데이비드 흄, 하이에크는 인간이 역사와 문화, 사회의 영향을 강하게 받는다는 것을 인정한다. 하이에크는 "개인의 삶이 사회 전체의 성격과 본질에 따라 결정되지 않고, 고립된 그리고 자기 완료적인 개인이 존재한다고 믿는 그러한 개인주의의 믿음은 오류이다. 이런 믿음을 가지고서는 사회를 이해하는 것이 불가능하다."고 했다.

자유주의자는 공동체가 개인의 정체성과 성격, 삶의 방식에 영향을 미친다는 사실을 부정하지 않는다. 다만 궁극적으로 개인이 어떤 정체성을 가질 것인가는 개인이 선택할 문제라고 생각한다. 사회나 공동체를 개인의 앞에 놓지 않을 뿐이다. 개인을 중시하는 자유주의는 "인간의 실존이 본질에 앞선다."는 사르트르의 인간관을 지지한다.

나아가 자유주의자는 많은 사람들이 관습적으로 공동체의 가치를 따른다는 사실을 인정한다. 그러나 개인의 선택에 앞서 개인이 그렇게 해야 할 의무가 있어서 그렇게 하는 것은 아니라고 생각한다. 공동체의 강요가 아니라 스스로 선택해서 그렇게 했다면 문제될 것이 없다.

공동체 구성원들이 모두 가져야 하는 공동의 목표가 선택에 앞서 미리 존재하는 것은 아니다. 모든 공동체는 자신의 전통과 역사를 가지고 있지만, 개인이 그 공동체의 구성원이라는 이유만으로 모두가 이것을 지키고 따라야 하는 것은 아니다. 개인이 공동체에 종속되어야 하는 존재는 아니다.

게다가 자유주의자도 개인이 모든 것을 선택할 수 있다고 믿는 것은 아니다. 자유주의는 인간의 선택을 구속하는 요인이 존재한다는 것을 부정하지 않는다. 인간에게는 자신이 선택할 수 없는 것이 존재한다. 자유주의가 '선택의 자유'를 강조하는 것은 현실적으로 인간이 선택할 수 있는 것과 선택할 수 없는 것이 존재하지만, 선택할 수 있는 것을 최대한 선택하는 것이 바람직하다고 보는 것이다.

거대 사회에서 시민의 미덕 : 샌델과 미제스

샌델은 민주적 공동체에서 시민의 의무와 미덕은 정치에 참여하면서 공공선에 기여하는 것이라고 주장한다. 그러나 이 말은 감정에 호소하는 것으로 듣기는 좋아도 참으로 실현되기는 어렵다. 샌델의 이런 주장은 아리스토텔레스에서 나온 것이다. 아리스토텔레스는 당시 아테네 도시국가에 적합한 정치철학을 개발하였다. 도시국가는 인구도 적었고, 게다가 적은 인구 모두가 정치에 참여하는 것도 아니었다. 노예를 가지고 있어 먹고 살기 위해 직접 노동을 할 필요가 없는 자유민들이 정치에 참여하여 국정을 논했다. 물론 여자와 외국인은 정치에 참여할 수 없었다.

아테네 도시국가의 정치에 참여했던 사람들은 정치가 곧 삶의 일부였다. 먹고 살기 위해 자신이 활용할 수 있는 시간의 대부분을 노동에 투자해야 할 필요성이 없었다. 인구가 적어서 모두 한 자리에 모일 수 있었다. 오늘날처럼 스피커가 발달하지 않았기 때문에 육성으로 말하는 것을 서로 들을 수 있을 정도의 공간에 모였다. 그 공간이 광장이다.

그런데 오늘날은 어떤가? 보통 사람들은 생업에 종사한다. 먹고 사는 데 필요한 재화와 서비스를 구하는 비용을 자신이 스스로 마련해야 하기 때문에 대부분의 성인은 직장에 나가거나 자영업에 종사한다. 자신의 생산노동, 가사노동을 대신해 주는 노예도 없다. 오늘날 이런 상황에서 "정치에 참여함으로써 인간은 비로소 인간이 된다."는 아리스토텔레스의 주장은 실효성이 없다.

뿐만 아니라 오늘날과 같이 인구가 많은 거대 사회에서는 직접민주주의는 불가능하다. 고도로 문명을 발전시킨 나라에서는 모두 대의민주주의를 채택하였다. 정치는 모든 사람들이 참여하여 하는 것이 아니고 투표를 통해 국민의 선택을 받은 사람들이 대신 수행한다. 분업이 이루어지고 있는 것이다. 보통 시민들은 투표에 참여함으로써 자신의 의사를 정치에 반영한다.

이런 상황에서 직접민주주의라는 명분으로 끝없이 참여를 외치는 사람들은 생업에 종사하지 않는 사람들이다. 직접민주주의를 외치는 사람들은 걸핏하면 거리로 뛰어나오지만, 이것은 직접민주주의가 아니고 시간이 남아도는 사람들이 자신의 이익이나 뜻을 관철하기 위해 거리로 나오는 것이다. 이것저것 외치기만 하지 자신들의 외침이 정책으로 실현될 때 들어가는 비용에 크게 도움을 주지는 못한다.

현대와 같은 거대 사회에서 시민의 미덕과 의무는 정치에 참여하고 공공선을 추구하는 것이 아니다. 그렇다고 시민들이 정치와 사회 현실에 무관심해도 좋다는 말은 아니다. 샌델이 주장하는 것과 다른 의무와 책임을 질 필요는 있다. 미제스는 자유사회에서 시민이 져야 할 의무와 책임을 다음과 같이 말했다.

> "민주적 공동체에서 시민의 첫 번째 의무는 스스로를 교육하고 시민으로서의 업무를 처리하는 데 필요한 지식을 얻는 것이다. 선거권은 특권이 아니라 의무이자 도덕적 책임이다. 투표자는 사실상 관직 보유자이다. 즉 그의 관직은 최고의 관직이고 그것은 최고의 의무를 의미한다. … 과학적 연구와 예술가로서의 소명에 완전히 열중하고 있는 국민은 이러한 자기 훈련 과업에 실패할 때 참작할 수 있는 정상(情狀)에 호소해도 무방하다. 아마도 그러한 사람들은 자기들이 완수할 더욱 중요한 과업들을 가지고 있다고 핑계대도 괜찮을 것이다. 그러나 모든 다른 지식인들은 주권적 투표자로서의 자신의 의무들을 최선으로 수행하기 위해서 스스로를 교육하고 훈련하는 것을 게을리 하는 것이 어리석을 뿐만 아니라 해롭기도 하다."

공동체주의자 샌델과 자유주의자 미제스는 정치와 시민의 미덕과 관련하여 서로 다른 입장을 개진하였다. 샌델은 모든 시민이 정치에 참여하고 공공선을 추구하는 것을, 미제스는 올바른 유권자가 되는 것을 시민의 의무와 책임이고 미덕이라고 주장한다. 샌델의 주장은 사람들의 가슴에 호소하고 공감을 얻을지는 모르지만 현실에서의 실현 가능성은 거의 없어 보인다. 반면에 미제스는 사람들의 감정이 아니라 이성에 호소하여 현대사회에서 개인이 구체적으로 할 수 있는 일이 무엇인가를 제시함으로써 현실적으로 실현 가능한 의무와 책임을 제시한다.

미제스의 이러한 주장은 현대 민주주의의 문제점으로 지적되는 '합리적 무관심'에 대한 해결책일 수 있다. 대의정치가 행해지는 현대사회에서 많은 유권자들은 자신의 투표나 의사결정이 투표의 결과나 정책 결정에 중요한 영향력을 미칠 것이라고 생각하지 않는다. 자신의 한 표는 수천만 표 가운데 하나이기 때문에 한 표를 행사하는 것이 결과에 아무런 영향을 미치지 못한다고 생각한다. 따라서 개인의 입장에서 본다면 정치나 정책에 대해 무관심한 것은 대단히 합리적이다. 자신이 아무런 영향력을 행사할 수 없는 결정을 위해 에너지를 소비하는 것은 비합리적인 행위이기 때문이다.

그러나 과연 이것이 옳고 합리적인 행동일까. 대부분의 사람들이 합리적 무지를 합리적인 행동으로 이해한다면, 결국 자신의 삶에 결정적인 영향을 미칠 수 있는 정치적 결정은 자신의 이익이나 이상과 어긋나는 방향으로 결정될 것이다. 많은 사람들이 합리적 무관심을 표방하는 사이에 그렇지 않은 사람들이 실제 투표에 참여하여 자신들의 이익을 정치나 정책에 반영하려고 할 것이기 때문이다. 이들은 주로 이익단체이거나 반자유주의자일 가능성이 높다. 그렇게 되면 '합리적 무관심'의 대가를 치를 수밖에 없다. 이런 상황에서 '스스로 교육하고 시민으로서의 업무를 처리하는 데 필요한 지식을 얻는 것이 시민의 첫 번째 의무다'라는 미제스의 지적은 자유로운 사회를 열망하는 사람들이 명심해야 할 중요한 권고이다.

권위주의자 샌델

샌델이 말하는 국가의 중립은 곧 국가가 개입하지 않는 것이고, 국가가 중립을 지켜서는 안 된다는 것은 국가가 개입해야 한다는 것을 의미한다. 샌델은 공화당과 민주당의 철학과 정책을 분석하면서, 양당은 각기 경제 부분과 사회·문화 부분에 대해 다른 입장을 취한다고 분석하였다. 미국의 정치 지형을 국가의 중립성이라는 용어로 분석한 것이다. 이것은 보아즈의 다음과 같은 분석을 다른 언어로 표현한 것이다.

> 개인적 자유 : 나는 다른 사람의 권리를 존중하는 한, 나에게 관련된 일을 내가 결정해야 한다고 생각함. 정부는 어떤 종교나 도덕을 개인에게 강요할 수 없음.
>
> 경제적 자유 : 나는 내가 다른 사람을 정직하게 대하는 한, 내가 자선 행위를 하지 않는다고 할지라도 다른 사람보다 더 많은 돈을 벌 수 있는 권리를 가지고 있음. 나의 재산을 나의 자식들에게 물려줄 권리를 가지고 있음.

다음과 같은 문항에 샌델이 답한다고 가정해 보자. 각 항목의 결정을 '내가 해야 한다'고 생각하는 경우에는 10점, 결정하기 어려운 경우에는 5점, '정부가 해야 한다'고 생각하는 경우에는 0점을 부여한다.

개인의 자유

① 안전벨트를 매는 것
② 총기를 구입하는 것
③ 군에 복무하는 것
④ 마리화나를 피우는 것
⑤ 검증되지 않은 의료적인 치료를 받는 것
⑥ 동성애를 하는 것
⑦ 포르노 비디오를 구입하는 것
⑧ 도색 잡지를 사는 것
⑨ 내 아이를 특수학교에 보내는 것
⑩ 검열 받지 않고 인터넷에 접속하는 것

경제적 자유

① 외제차를 사는 것
② 국민연금에 가입하는 것
③ 가난한 사람을 위해 기부금을 내는 것
④ 공공기관의 허락 없이 영업용 택시를 운행하는 것
⑤ 외국인 노동자를 고용하는 것
⑥ 공공기관의 허락 없이 집을 짓는 것
⑦ 농민에게 보조금을 지급하는 것

⑧ 최저임금보다 낮은 임금을 받고 일하는 것
⑨ 기존의 우체국과 경쟁하기 위해 우편배달 회사를 설립하는 것
⑩ 자동차의 책임보험에 가입하는 것

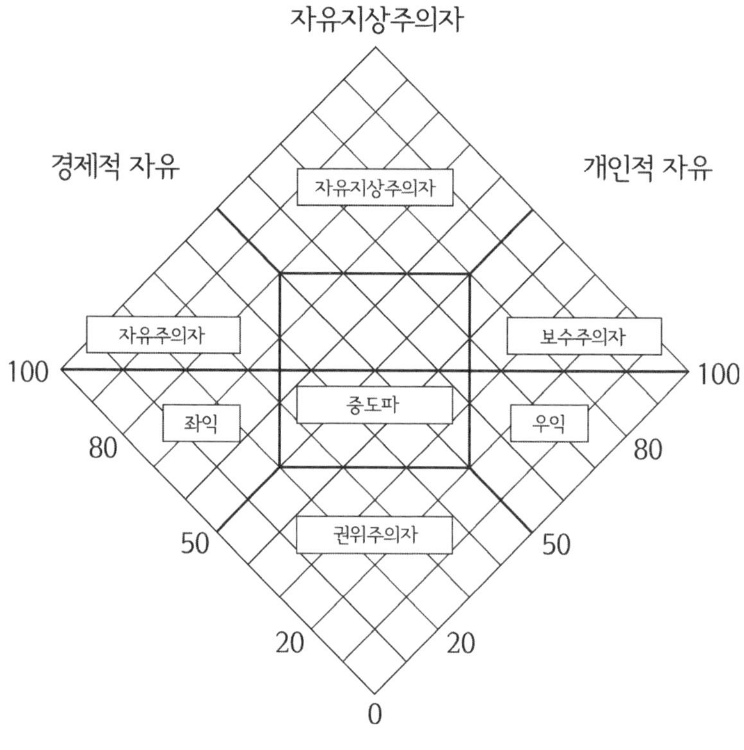

이 그림에서 자유지상주의자(자유지선주의자)는 양 부분에서 모두 개인의 선택을 강조한다. 그런데 샌델의 입장은 무엇인가? 그는 양 부분 모두에서 국가가 개입하는 것이 정의롭다고 생각한다. 권위주의적인 생각이다. 이러한 권위주의는 원시 공산사회나 자유주의 이전

사회에서 흔히 발견되는 것이다. 이런 사회를 포퍼는 '닫힌사회', 하이에크는 '원시사회'라고 불렀다. 샌델은 이런 사회를 현대사회에 되살리려고 하는 것이다.

흥미로운 것은, 샌델과 같은 공동체주의자들이 자신들의 철학적 선배로 찾은 철학자들, 즉 아리스토텔레스, 마르크스, 헤겔, 루소는 모두 '닫힌사회'를 지지한 철학자들이다. 공동체주의가 '닫힌사회'를 지향하는 것은 사실이다. 그런데 이들과 샌델이 구별되는 지점은 민주주의와 공화주의를 끌어들임으로써 토론의 장을 열어놓았다는 것이다. 샌델은 계속해서 토론을 강조하고 있는데 이것으로 권위주의에서 탈출할 수 있을 것이라고 믿기 때문이다.

즉, 포퍼가 말한 '열린사회'의 요소를 자신의 공동체주의에 끌어들인 것이다. 그러나 이것이 어떻게 갈등을 일으키지 않고 양립할 수 있는지는 의문이다. 실제로 샌델이 분석 대상으로 삼은 미국이 개인주의적이 된 것은 토론과 비판의 과정을 거쳐 그런 사회가 바람직한 사회라는 결론에 도달했기 때문일 수 있다. 그러나 토론과 비판의 과정을 거쳐서 샌델이 지지하는 아리스토텔레스적 정의론에 합의할 것이라고 기대하기는 어렵다.

샌델은 국가의 중립성 테제를 비판적으로 평가하지만, 국가의 중립성 테제는 내용적으로 하이에크와 포퍼의 철학과도 일치하는 개념이다. 하이에크와 포퍼는 인간에게 존재론적으로 공동체주의적인 요소가 있다는 것을 부정하지 않는다. 다만 공동체주의적인 요소에 해당하는 원시 본능이나 자신의 신념을 공적 영역에 섞지 말라는 것이다. 포퍼는 이것을 '비판적 이원론'으로 표현했고, 하이에크는 '공사구분'으로 정의했다.

공동체주의와 닫힌사회

샌델의 공동체주의는 아리스토텔레스의 전통을 따르고 있기 때문에 '완전주의적 정의관'이 들어 있다. 완전주의적 정의관은 "예술이나 학문, 문화에서 인간의 탁월성이 최대한 성취될 수 있도록 사회제도를 마련하고, 개인의 의무와 책무를 규정할 수 있는 단일한 지침을 마련하려고 하는 단일 원리의 목적론적 이론이다." 이러한 완전주의적 정의관은 전체주의로 나아갈 수 있는 미끄럼틀이다.

공동체주의가 완전주의를 표방하면 공동체주의는 전체주의의 망령에 사로잡힐 수 있다. 왜냐하면 공동체주의가 표방하는 완전성을 실현하려면 개인이 아니라 국가가 나서야 하기 때문이다. 개인은 제각각이기 때문에 단일 가치를 추구하지 않는다. 국가 공동체에서 단일 가치는 공권력을 통해서만 실현될 수 있다. 국가의 공권력을 동원하여 완전성을 실현하려고 하면 개인은 국가에 종속되고, 자신의 삶의 방식을 선택할 수 있는 자유를 상실한다. 가치 있는 것과 가치 없는 것, 개인이 어떤 삶을 살아야 할 것인가를 개인이 아니라 국가가 결정하게 된다.

샌델이 공동체주의의 뿌리로 삼고 있는 아리스토텔레스의 철학이 지닌 위험성은 이미 오래 전에 폭로되었다. 아리스토텔레스 철학의 전체주의적 위험성을 간파한 철학자는 칼 포퍼이다. 포퍼는 아리스토텔레스 철학을 '닫힌사회'의 특성을 가진 것으로 파악하였다. 아리스토텔레스의 철학은 '열린사회'의 적이라는 것이다.

샌델의 공동체주의는 개인에 앞서 공동체를 중시한다. 개인은 공동체를 구성하는 요소일 뿐 그 자체로서 독자성을 갖지 못한다는 것이다. 중요한 것은 공동체이고, 개인의 정체성은 공동체에서 유래한다. 개인은 공동체를 떠나서 살 수 없다는 것이 공동체주의자의 기본 주장이다. 이러한 공동체주의자들이 모델로 삼은 이상적인 공동체는 가족이다. 가족 구성원은 각자가 자기 이익을 추구하지 않는다. 자기 이익에 앞서 가족 공동체의 이익을 먼저 생각한다. 가족은 감정과 경제의 공동체이다. 가족은 모든 것을 공동 소유하고 어려움을 당하면 공동으로 대처한다. 어려움뿐만 아니라 즐거움도 함께 나눈다. 가족 공동체는 이타심과 연대감으로 강하게 결속되어 있다.

이처럼 이타심과 연대감이 직접적으로 작용할 수 있는 사회는 원시사회이다. 현대사회와 같은 거대 사회의 공적 영역에서는 이타심과 연대감이 작동하지 못한다. 이타심과 연대감은 이타적 동기가 강하게 작용하는 경우에 가능하다. 이타적 동기가 강하게 작용할 수 있기 위해서는 가족이나 가족의 연합체인 씨족공동체와 같이 평소 서로 얼굴을 잘 알고 친밀하게 지낼 수 있는 경우에만 가능하다. 공동체주의자들이 이상적이라고 생각하는 이타심과 연대감이 지배하는 사회는 원시사회로서, 이런 사회는 베르그송과 포퍼가 말하는 '닫힌사회'의 특성을 갖는다. 닫힌사회는 '열린사회'와 반대되는 사회로서 하이에크가 말하는 '원시사회'이고, '열린사회'는 '거대 사회'이다.

'열린사회'라는 말을 체계적으로 처음 사용한 철학자는 베르그송이다. 그는『도덕과 종교의 두 원천』에서 '열린사회'는 열린 도덕과 동적(動的) 종교를 기초로 한 사회이고, '닫힌사회'는 닫힌 도덕과 정적(靜的) 종교를 기초로 한 사회이다. 그가 말하는 닫힌 도덕은 불변의 도덕, 의무의 도덕, 배타적인 도덕으로서 사회적 통합만을 목적으로 삼는, 지성 이하에 기원을 둔 도덕임에 반하여, 열린 도덕은 변화를 승인하는 도덕, 인류애의 도덕으로서 지성을 넘어 직관에 근거한 도덕이다.

닫힌 도덕은 보편적 선의 구현이 아니라 한 사회의 보존과 이익을 지향하는 도덕이기 때문에 필연적으로 다른 사회와 갈등을 유발하고 전쟁을 일으킨다. 일정한 집단의 이기주의를 내포하고 있는 닫힌 도덕은 이방인에 대한 배타성과 공격성을 내재하고 있으며, 이것이 폭발하면 전쟁이 발생한다. 따라서 전쟁은 '닫힌사회'의 필연적인 현상들 가운데 하나이다.

베르그송에게 있어서 '닫힌사회'와 '열린사회'의 차이는 정도의 차이가 아니라 종류의 차이이다. 가족이나 국가의 범위를 인류로 확장한다고 해서 '닫힌사회'가 '열린사회'가 되는 것은 아니기 때문이다. '열린사회'가 되기 위해서는 인간에 대해 새롭게 통찰하고, 질적으로 다른 경험을 해야만 한다. 우리가 살고 있는 사회와 질적으로 완전히 다른 인간 공동체만이 참된 의미의 열린사회일 수 있다는 것이다. 모든 인류에 대한 사랑에 기초한 열린사회로 가는 길은 자기보존을 목적으로 삼는 원시 본능이나 군거(群居) 집단 구성원들 사이의 유대에서 나오지 않는다고 보았다.

포퍼의 '열린사회'는 그가 목도한 시대 상황에 대한 의식을 반영하고 있다. 그는 "우리는 금수(禽獸)로 돌아갈 수도 있다. 그러나 우리가 인간으로 살아남고자 한다면 오직 하나의 길이 있을 뿐이다. 그

길은 열린사회의 길이다."라고 하여 인간과 짐승, 문명과 야만 사이에서 결단해야 하는 긴급한 상황에 우리들이 처해 있다고 생각하였다. '열린사회'만이 인간의 인간다운 삶을 보장하고, 폭력이 아닌 이성으로 더 나은 사회를 만들어 갈 수 있는 가능성을 제시한다고 믿기 때문이다.

'열린사회'가 정치적 관점에서 해석되면, 서로 상충하는 의견들이 자유롭게 표명되며, 엇갈리는 목적들이 다양하게 추구될 수 있는 다원적인 사회이다. '열린사회'는 이성과 비판을 신뢰하는 사회이다. '열린사회'를 구성하는 사람들은 그들 자신을 이성적이고 책임 있는 개인으로 여기고, 스스로 삶을 설계하고 자신의 결정에 대해 책임을 진다. '열린사회'는 의견의 대립을 토론과 논의를 통해서 해결하려고 한다. 따라서 모든 사람이 말할 수 있는 권리가 보장되어야 한다.

'열린사회'는 개인의 자유와 권리를 존중하고 그들의 의사가 반영되는 사회이다. 개개인이 스스로 독자적인 판단을 내리고 책임지는 사회이다. '열린사회'의 시민은 자신의 운명은 자신의 손에 달려 있다고 생각한다. 레빈슨에 따르면 "열린사회는 국가가 제공하는 상호 보호의 틀 속에서 자유로운 개인이 남의 권리를 존중하며, 책임 있고 합리적인 결정을 함으로써 계발된 인간적 삶의 폭을 넓혀 가는 자연스러운 개개인의 모임이다."

개인이 자기의 인생에 대해 자기가 선택하고 책임지겠다는 태도는 '열린사회'의 정신과 부합한다. 내가 어려운 상황에 처하게 된 것은 어느 누구 탓도 아니다. 부모 잘못도 아니고 사회 잘못도 아니다. 설사 그들의 잘못이라고 해도 그들이 내 인생에 대해 책임질 수는 없다. 내 인생은 내가 살아야 한다. 이러한 태도는 스스로 운명을 만들어 나가겠다는 의지 뒤에 운명은 정해져 있지 않다는 믿음에서 나온다. 이러한 의지가 인생의 성공으로 이어지기 위해서는 능력을 발휘할 수 있는 노력과 타이밍이 맞아야 한다. 역사적으로 볼 때, 인류가 지극히 당연한 것처럼 보이는 이러한 태도를 갖게 된 것은 그리 오래된 일이 아니다. 뿐만 아니라 오늘날 모든 사람들이 이러한 인생관을 가지고 살아가는 것도 아니다. 자기 선택과 자기 책임의 원칙은 하나의 윤리적 덕목이다.

'열린사회'와 반대되는 사회가 '닫힌사회'이다. '닫힌사회'는 마술적 금기(禁忌)와 독단이 지배하는 억압된 사회이며, 유기체적인 전체주의 사회이다. '닫힌사회'는 전체나 집단이 존재하지 않는다면 개인이 존재할 수 없다고 하는 집단주의(集團主義)를 본질로 하는 사회이기 때문에 그 사회를 구성하고 있는 사람들은 이성적인 비판과 그들의 결정에 대해 책임을 질 수 있는 능력을 갖지 못한다. 국가는 크든 작든 시민을 규제하며 국가만이 판단한다.

전체주의 사회는 국가가 시민생활의 모든 측면을 지배하려고 한다. 국가가 모든 도덕적인 판단을 내릴 수 있는 권리를 가지고 있으며, 국가가 시민들의 생활 전체를 규제하고 간섭한다. 플라톤을 위시하여 아리스토텔레스, 헤겔, 마르크스 등이 지향하는 유형의 사회가 '닫힌사회'이다. 이들의 철학은 권위주의적이고 전체주의적이다.

물론 샌델은 자유와 토론의 중요성을 강조한다. 샌델의 공동체주의가 미국을 배경으로 나왔고, 샌델은 자신의 정치철학이 '닫힌사회'를 지향한다고 말하지는 않는다. 샌델은 토론과 대화의 중요성을 반복적으로 강조한다. 그러나 열린 '토론과 대화'라면 특정의 가치나 선을 전제해서는 안 된다. 개인은 '토론과 대화'의 과정을 통해 자신의 가치나 선을 변경할 수는 있어도 다수결로 그것을 강제할 수는 없다. 그럼에도 불구하고 샌델은 가치나 선을 개인의 선택의 문제가 아니라 공동체가 공동으로 추구해야 할 공공선으로 규정함으로써 전체주의적인 요소를 제거하지 못했다. 만약 샌델이 '토론과 대화'를 존중하면 그는 공동체주의적인 '공공선'은 포기해야 한다.

공동체주의와 자유주의는 국가의 역할에 대해 서로 상반되는 입장을 갖는다. 자유주의는 공동체주의자가 주장하는 '공공선의 정치'에 반대한다. 자유주의자는 공동체주의가 가치 있다고 생각하는 가치를 실현하기 위해서 국가를 동원해서는 안 된다고 생각한다. 공동체의 가치 실현은 사적 영역에 머물러야 한다. 자유주의는 개인의 자유와 재산과 생명을 보호하는 역할을 국가의 몫으로 규정하고, 이것은 '법의 지배'를 통해 가장 잘 구현될 수 있다고 믿는다. 자유주의자는 '공공선'이 국가가 나선다고 성취될 수 있는 것이 아니라고 믿는다. 공공선은 개인의 자유로운 선택의 결과로 나타나는 현상이지 국가가 이것의 실현을 목적으로 설정하고 구현함으로써 나온 결과가 아니다.

그럼에도 불구하고 공동체의 가치가 '거대 사회'를 움직이는 원리가 되면 개인의 자유는 사라진다. 무엇이 가치 있는가를 개인이 결정하지 않고 국가가 결정하면 전체주의로 빠질 위험성이 있다.

사회 규모가 커진 거대 사회에서는 이타심이나 연대감에 기초한 행위는 줄어든다. 특히 공적 영역에서 이러한 행위는 사라진다. 개인 행동의 동기는 연대감이나 이타심이 아니라 자신의 이익을 추구하는 행위이다. 자신의 건강과 안전, 부(富), 명예 등이 행동의 동기이다. 그러나 이런 행동의 결과가 이기적인 것만은 아니다. 물론 자신에게도 이익이 되지만 그것은 이타적 결과를 낳는다. 개인의 이기적 행동이 이타적 결과를 낳는 이유는 자신의 이익을 추구하기 위한 행동은 항상 타인의 행동과 관계를 맺기 때문이다.

거대 사회에서 개인은 자신의 이익을 충족시키기 위해서 우선 다른 사람이 필요로 하는 것을 제공해야 한다. 자신의 이익을 추구하기 위해서는 먼저 타인의 욕구를 충족시켜 주어야 한다. 자신이 원하는 것이 아니라 타인이 원하는 것을 제공해야 자신의 이익이 충족된다. 이기심은 필연적으로 이타심을 동반한다. 이것이 바로 시장의 논리이고 아담 스미스가 말한 '보이지 않는 손'의 작동이다. 이기적 행동이 이타적 결과를 초래한다.

이타주의나 연대성과 같이 원시 본능에 기초한 가치를 공적 영역에 적용하려고 해서는 안 된다는 포퍼와 하이에크의 주장이 단지 규범적인 차원에서만 나온 것은 아니다. 이타심이나 연대성과 같은 원시 본능에서 나온 가치는 서로 잘 알고 지내면서 공동의 가치와 이익을 공유하는 소규모 공동체에서는 잘 작동한다. 원시시대 소규모 부족공동체는 부족의 구성원이면 사냥에 참여하지 않은 사람도 사냥 결과를 공유하였다. 그들 사이에는 강한 공동체 감정이 있었기 때문이다. 그러나 오늘날과 같이 국제화된 사회에서 우리가 직면한 문제들을 이타심이나 연대감으로 해결할 수는 없다.

오늘날과 같이 지구화된 '거대 사회'에서 사람들은 자신의 삶을 유지하기 위해 서로 협동하면서 살아가지만, 이 협동은 이타심이나 연대감에 의해서 이루어지는 것이 아니다. '거대 사회'에서 협동은 서로 인격적 관계를 맺지 않고 이루어진다. 사람들은 자신이 하는 일이 누구의 욕구를 충족시키는지 알지 못한다. 우리가 매일 사용하는 지식과 상품과 재화가 어디에서 누가 만든 것인지를 인격적 관계에서 아는 것은 아니다. 책을 구입하여 그 책을 재미있게 읽는 경우, 우리는 그 책을 쓴 작가나 만든 사람들, 책의 유통에 관여한 사람들과 인격적 관계를 맺지 않는다.

사람과 사람, 집단과 집단 사이에 협동만 있는 것도 아니다. 그들 사이에는 갈등도 존재한다. 현대사회에서 발생하는 갈등은 이타심이나 연대감으로 해결될 수 없다. 소규모 공동체에서 이타심과 연대감은 갈등 해소의 중요한 수단이지만, '거대 사회'에서는 그렇지 않다. '거대 사회'에서 발생하는 개인 차원을 넘어서는 갈등은 이타심이나 연대감으로 해결할 수 없다.

예를 들어 빈부갈등은 국가 안에서뿐만 아니라 국제사회에서도 발생한다. 글로벌 경제에서 빈부갈등을 국가 차원에서 해결할 수 없는 경우가 많다. 글로벌 경제로 자본과 노동이 이동하면서 사람들은 그것의 혜택을 보는 사람과 보지 못하는 사람으로 나누어진다. 영국의 브렉시트(Brexit)도 이런 맥락에서 나온 것이다.

우리 사회에서 쟁점이 된 갈등들도 대부분 이타심과 연대성의 회복으로 해결할 수는 없다. 현대사회에서 우리가 경험하는 갈등은 이타심과 연대성이 개입할 수 없는 '거대 사회'에서 발생한 것이기 때문이다. 이런 갈등은 샌델이 말하는 연대성과 시민정신으로 해결할 수 없다. 이것이 샌델의 공동체주의나 시민적 공화주의가 갖는 실제적 문제이다.

책을 마치며

『정의란 무엇인가』가 우리 사회에서 인기가 있었던 이유 가운데 하나는 그것이 아직도 우리 마음속에 자리잡고 있는 과거 농경사회에 대한 향수를 충족시켜 주었기 때문이다. 우리는 빠른 속도로 산업화와 근대화를 통과하면서 획기적으로 변한 현대 한국사회에 적응하는 데 정서적으로 어려움을 겪고 있다. 스스로 성숙한 개인으로 거듭나지 못한 많은 사람들은 오늘날 우리 사회에서 '군중 속의 고독'을 뼈저리게 체험하고 있다.

서양사회에서도 사람들은 산업화와 근대화를 거치면서 인간소외와 실존적 고독을 체험하였지만, '성숙한 개인의 탄생'으로 산업화의 과실을 누리면서 정신적 난관을 극복해 갔다. 그러나 모든 사람들이 그렇게 한 것은 아니다. 서구사회에서도 과거를 향한 동경이 끊임없이 형태를 바꾸면서 개인보다 앞선 공동체 지향적인 이념으로 등장하였다. 끊임없이 자유주의를 비판하면서 전체주의, 공동체주의가 나타났다. 아리스토텔레스, 헤겔, 마르크스의 전체주의가 현대적으로 변형된 것이 바로 샌델의 정치철학이다.

샌델의 공동체주의나 시민적 공화주의는 아름다운 철학이다. 인간이 공적인 일에 참여하면서 공공의 이익을 실현하면서 사는 삶이 인간다운 삶이라는 주장은 우리에게 감동으로 다가온다. 특히 오늘날 국가와 공직자가 자신의 이익만을 추구하는 사익단체처럼 보이는 대한민국에서, 공화국으로서 국가는 특정 집단이나 특정인의 것이 아니라 공공의 것이라는 주장은 설득력을 얻는다.

주변에 이기적인 개인만이 설치고 있다고 여겨질 때, 공화국의 시민들은 공동체적 존재로서 공공선 또는 공익을 추구해야 한다는 주장은 더욱 의미가 깊다. 공동체와 공화국의 이야기는 항상 아름답고 가슴을 따뜻하게 한다.

아리스토텔레스, 헤겔, 마르크스, 샌델과 같은 공동체주의자들은 추구하는 목적이 각기 다르기는 하지만, 이들이 추구한 사회는 포퍼와 하이에크가 말하는 '닫힌사회'와 '원시사회' 지향적이라는 공통점을 가지고 있다. 샌델의 정치철학도, 외형적으로 보면 아리스토텔레스, 헤겔, 마르크스와 달라 보이지만, 공동체를 지향하고 전체주의적 요소를 지니고 있다는 점에서 큰 차이가 없다. 이들은 한결같이 개인보다 집단 · 공동체를 앞세운다.

개인보다 공동체를 앞세우는 사상들은 개인의 자유와 선택, 선택과 책임 대신에 공동체와 연대를 앞세운다. 공동체주의자나 전체주의자는 개인 각자가 자신의 목적과 이익을 추구하는 과정을 통해 서로 협동하고 그 결과 공공선에 자연스럽게 도달한다는 사실을 인정하지 않고, 개인은 자신의 인생의 목적을 스스로 결정할 권리가 없기 때문에 공동체의 이상과 가치에 충성해야 한다고 주장한다. 아리스토텔레스, 헤겔, 마르크스와 다른 시대 다른 곳에서 살고 있는 샌델도 예외는 아니다.

샌델은 현대 사회에 필요한 것으로 좋은 삶, 공동체에 대한 충성, 연대와 귀속의 의무, 공동체의 요구, 서사적(敍事的) 존재, 공공선, 시민의 미덕과 같은 개념들을 나열하였다. 이 개념들은 모두 선택과 책임의 주체로서의 개인을 부정하고 공동체를 앞세우려는 의도에서 나온 것들이다. 이러한 개념 자체가 문제를 지닌 것은 아니지만 그것을 공동체주의적으로 실현하려고 하면 위험이 따른다. 예를 들어 '좋은 삶'이란 개념 자체는 문제가 없다. 다만 그것을 개인의 선택에 맡기지 않고 획일화하려는 것은 바람직하지 않다. 자유주의와 시장경제의 과실은 마음껏 누리면서 자유주의와 시장경제를 허물 수 있는 이론을 확산시키고 있는 것이다.

우리가 샌델의 『정의란 무엇인가』를 비판적으로 읽어야 할 이유도 바로 여기에 있다. 우리는 현대 사회가 많은 문제점을 가지고 있지만 지금까지 존재해 온 사회 가운데 최선의 사회라는 사실을 인정하고 이 사회의 특성을 이해하고 적응하면서 문제점들을 고쳐 나가려고 노력해야 한다. 우리는 샌델의 『정의란 무엇인가』를 비판적으로 독해함으로써 우리 사회의 운영 원리인 자유주의와 시장경제에 대한 믿음과 확신을 더욱 공고하게 할 수 있을 것이다.

이 책이 이러한 자유주의와 시장경제에 대한 믿음과 확신을 다지는 데 작은 힘이 되기를 기대한다.

2016. 11. 12.

신중섭 씀

참고문헌

이 책은 다음 문헌들을 직접 인용·요약 정리·참고하여 쓰여졌지만, 그 내용을 구체적으로 밝히지 않았다. 1부에서 8부는 주로 샌델의 『정의란 무엇인가』, 『정치와 도덕을 말하다』, 『돈으로 살 수 없는 것들』의 내용을 요약·정리하면서 비판하였다. 샌델을 더 깊이 이해하고 싶은 독자에게는 참고 문헌에 포함된 책들이 도움이 될 것이다.

마사야, 고바야시, 『정의사회의 조건』, 홍성민·양혜윤 옮김, 황금물고기, 2011.

미제스, 루트비히 폰, 『관료제』 황수연 옮김, 지만지, 2009.

박정순, 『마이클 샌델의 정의론, 무엇이 문제인가』, 철학과 현실사, 2016.

보아즈, 『자유주의로의 초대 : 사회문제에 대한 최첨단 정치철학』, 강위석 외 옮김, 북코리아, 2009.

샌델, 마이클, 『마이클 샌델의 하버드 명강의』, 김선욱 감수 / 이목 옮김, 김영사, 2011.

__________, 『공동체주의와 공공성』, 김선욱 외 옮김, 철학과 현실사, 2008.

신중섭, 『포퍼의 열린 사회와 그 적들』, 자유기업센터, 1999.

_____, "샌델의 시민적 공화주의"(『倫理敎育硏究』 第42輯 (2016), 韓國倫理敎育學會)

조선일보 Weekly BIZ, "Cover Story, 시장은 정의로운가: 마이클 샌델 교수의 紙上 특강", 2011년 4월 16-17일.

조승래, 『공화국을 위하여: 공화주의의 형성과정과 핵심사상』, 도서출판 길, 2010.

포퍼, 칼, 『열린 사회와 그 적들 I』, 이한구 역, 민음사, 1982.

Sandel, Michael J., "Bernie Sanders and Donald Trump look like saviours to voters who feel out of the American Dream", *The Guardian,* Sunday 28 February. 2016.

________________, *Justice: What's The Right Thing To Do?*, Farrar, Straus and Giloux, 2009, 『정의란 무엇인가』, 김선욱 감수/김명철 옮김, 와이즈베리, 2014.

________________, *What Money Can't Buy: The Moral Limits of Markets*, Farrar, Straus and Giloux, 2012. 『돈으로 살 수 없는 것들』, 김선욱 감수/안기순 옮김, 와이즈베리, 2012.

________________, *Public Philosophy: Essays on Morality in Politics,* Harvard University Press, 2005. 『정치와 도덕을 말하다』, 안진환, 김선욱 옮김, 와이즈베리, 2016.

________________, *Democracy's Discontent: America in Search of a Public Philosophy*, The Belknap Press of Harvard University Press,

1996.『민주주의의 불만: 무엇이 민주주의를 뒤흔들고 있는가』, 안규남 옮김, 동녘, 2012.

______________, *Liberalism and the Limits of Justice*, Cambridge University Press, 1982.『정의의 한계』, 이양수 옮김, 멜론, 2012.

Pazzanese, Christina, " 'People want politics to be about big things': Michael Sandel's passion for justice (interview)", *Harvard Gazette*, April 5, 2016.

마이클 샌델의 <정의론> 바로읽기

2016년 11월 15일 초판 인쇄
2016년 11월 21일 초판 발행

저 자 | 신 중 섭
펴낸이 | 박 기 봉
펴낸곳 | 비봉출판사
출판등록 | 2007-43 (1980년 5월 23일)

주 소 | 서울 금천구 가산디지털2로 98. 2동 808호(가산동, IT캐슬)
전 화 | (02) 2082-7444
팩 스 | (02) 2082-7449
E-mail | bbongbooks@hanmail.net

ISBN | 978-89-376-0453-9 03190

값 12,000원

© 이 책의 판권은 본사에 있습니다.
본사의 허락 없이 이 책의 복사, 일부 무단전제, 전자책 제작 유통 등
저작권 침해 행위는 금지됩니다.
(파본이나 결함 있는 책은 우송해 주시면 교환해 드립니다.)